レギュラーをめざせ！

強くなるサッカー入門

真正面から
真横から
立体ビジュアル解説

小見幸隆監修
東京ヴェルディ1969協力

ジュニアライブラリー

成美堂出版

カラダじゅうが

ごうかいなシュートでゴールを決《き》めたとき、
最高《さいこう》のタイミングでスルーパスを通《とお》したとき、
思《おも》いどおりにボールコントロールができたとき、
1対《たい》1のドリブルで相手《あいて》を抜《ぬ》きさったとき、
相手《あいて》の動《うご》きを読《よ》んで
ボールをうばいとったとき……。
夢中《むちゅう》になってサッカーをやっていると、
飛《と》びあがりたくなるほどうれしい瞬間《しゅんかん》に出会《であ》える。
転《ころ》がったり弾《はず》んだりするサッカーボールは
簡単《かんたん》にはいうことをきいてくれない。
でも、だからこそ、
いいプレーができたときは、
言葉《ことば》では表《あらわ》せないほどの大《おお》きな喜《よろこ》びを
感《かん》じることができる。
さあ、大空《おおぞら》の下《した》でおもいっきりサッカーを楽《たの》しもう!
もっとうまくなるために
もっとわくわくするために。

いいキックをすると、
いい音《おと》が鳴《な》るんだ

わくわくしてくる

うまくなればなるほど、
サッカーは楽《たの》しくなる

目次《もくじ》

第《だい》1章《しょう》

エースストライカーの条《じょう》件《けん》
頼《たよ》れる司《し》令《れい》塔《とう》の条《じょう》件《けん》

めざせ! ストライカー・司《し》令《れい》塔《とう》

めざせ! エースストライカー

めざせ! 頼《たよ》れる司令塔《しれいとう》

チームを勝利《しょうり》へと導《みちび》くプレーヤーになるために必要《ひつよう》な条件《じょうけん》を紹介《しょうかい》していく。

エース
ストライカーの 条件《じょうけん》 1

「ぜったいゴールを決《き》める」という、強《つよ》い気《き》持《も》ちをもとう

ストライカーの喜《よろこ》びは、なんといってもゴールだ。どんな場面《ばめん》でも、「ぜったいゴールを決《き》める」という強《つよ》い気《き》持《も》ちがなければならない。

ただ、なんでもかんでもシュートをうてばいいというものでもない。ボールを受《う》けてからシュートをうつまでのイメージをしっかりもつことが大切《たいせつ》だ。そのためには、自分《じぶん》なりの得意《とくい》なパターンを身《み》につけておく必要《ひつよう》がある。

ゴールには、試合《しあい》を左右《さゆう》する大《おお》きな価値《かち》がある。だからこそ、ゴールを決《き》めたときには、カラダじゅうで喜《よろこ》びを表現《ひょうげん》してほしい。

ボールを受《う》けてからゴールを決《き》めるまでのしっかりしたイメージをもとう

パスを出《た》すか、ドリブルで持《も》ちこむか、迷《まよ》わず判断《はんだん》しよう

相手《あいて》は「倒《たお》せばＰ・Ｋ」という考《かんが》えがある。ペナルティエリアでは、相手《あいて》がイヤがる思《おも》いきったプレーを心《こころ》がけよう

エース
ストライカーの 条件《じょうけん》 2

勇気《ゆうき》をもって
ペナルティエリアへ
入《はい》っていこう

2 ペナルティエリアに入《はい》っても、落《お》ちついてプレーすることが大事《だいじ》だ

ペナルティエリアの近《ちか》くでは、相手《あいて》のディフェンダーとのかけひきがある。

相手《あいて》のディフェンダーは、「倒《たお》せばP・K」と考《かんが》えてしまうので、ペナルティエリアに入《はい》られるのがイヤなはずだ。パスを出《だ》すか、ペナルティエリアに入《はい》って自分《じぶん》でフィニッシュまでもっていくか、状況《じょうきょう》に応《おう》じて判断《はんだん》しよう。

ペナルティエリアに入《はい》っていくときは、あわてず、落《お》ちついてプレーすることが大事《だいじ》だ。「落《お》ちついてプレーされること」もまた、相手《あいて》にとってイヤなことだからだ。

1対《たい》1の状 況《じょうきょう》を楽《たの》しもう

ふだんからチームメートと、1対《たい》1のボールのうばいあいをして遊《あそ》んでいれば、自《し》然《ぜん》と上 達《じょうたつ》する

エース
ストライカーの
条件《じょうけん》
3

1対《たい》1に強《つよ》い プレーヤーになろう

2

ドリブルで突破《とっぱ》すれば、決定的《けっていてき》な状況《じょうきょう》をつくれる

ドリブルで相手《あいて》を抜《ぬ》きされば、攻撃《こうげき》する側《がわ》にとって人数《にんずう》が多《おお》い状況《じょうきょう》になるので、ゴールをうばうチャンスもふえる。それだけに、1対《たい》1の強《つよ》さはストライカーに欠《か》かせない条件《じょうけん》といえる。

1対《たい》1に強《つよ》くなるためには、1対《たい》1という状況《じょうきょう》を楽《たの》しむことが必要《ひつよう》だ。ふだんからチームメートとボールのうばいあいをして遊《あそ》んでいると、自然《しぜん》に上達《じょうたつ》してくる。

1
蹴《け》る前《まえ》はリラックスして、インパクトで一番《いちばん》力《ちから》が入《はい》るよう心《こころ》がける
アドバイス
シュートまでの動作《どうさ》は落《お》ちついて

エースストライカーの条件《じょうけん》4

正確《せいかく》なボールコントロールで正確《せいかく》なシュートをうとう

正確《せいかく》なシュートをうつためには、ファーストタッチが重要《じゅうよう》になる。ワンタッチ目《め》のボールコントロールが悪《わる》いと、シュートにいくまでに手間《てま》どったり、あわててバランスの悪《わる》いフォームでシュートをうたなくてはならなくなる。ファーストタッチで、すばやくシュートをうてる場所《ばしょ》にボールをコントロールすることがとても大事《だいじ》になる。

ペナルティエリアに近《ちか》い位置《いち》では、「ゴールにパスをする」ぐらいの感覚《かんかく》で、正確《せいかく》にシュートをうとう。

バランスのいいフォームで正確《せいかく》なシュートをうつ

すばやくシュートをうてる場所《ばしょ》に、ボールをコントロールしよう

正確《せいかく》なシュートをうつために、ワンタッチ目《め》のボールコントロールに気《き》をつかおう

ボールを蹴《け》ったあとは、足《あし》をしっかり振《ふ》りきろう

バランスのいいフォームで、ボールを確《かく》実《じつ》にミート

エースストライカーの条件《じょうけん》5

バランスのとれたフォームで強《つよ》く正確《せいかく》なボレーシュートをうつ

ボールをよく見《み》てすばやく落下点《らっかてん》に入《はい》り、バランスのいいフォームで確実《かくじつ》にミートしよう

1

　ストライカーは、「浮《う》いたボール」にも反応《はんのう》し、シュートをうたなくてはならない。試合《しあい》では、どんなボールが飛《と》んでくるかわからないからだ。

　浮《う》いたボールがきたときは、ボールをよく見《み》て、すばやく落下点《らっかてん》に入《はい》ろう。

　最後《さいご》までボールから目《め》をはなさず、バランスのとれたいいフォームで確実《かくじつ》にミートすることが大事《だいじ》だ。

　ボレーシュートは、瞬間的《しゅんかんてき》な判断《はんだん》が求《もと》められるプレーなので、迷《まよ》っている時間《じかん》はない。どんなボールがきても、強《つよ》く正確《せいかく》なシュートがうてるように、ふだんから練習《れんしゅう》しておこう。

パスをもらったボールを、ワンタッチで外側《そとがわ》に出《だ》す

左足《ひだりあし》のつま先《さき》で、相手《あいて》の左側《ひだりがわ》にボールを出《だ》す

エース
ストライカーの
条件《じょうけん》
6

フェイントをかけ相手《あいて》の逆《ぎゃく》をとろう

3
ボールとは反対側《はんたいがわ》を通《とお》る
ボールは相手《あいて》の左側《ひだりがわ》へ

4
相手《あいて》の背後《はいご》を走《はし》りぬける

アドバイス
フェイントのうまいプレーヤーの、真似《まね》をしてみよう

サッカーには、イマジネーション(想像力《そうぞうりょく》)が必要《ひつよう》だ。

つねに相手《あいて》の逆《ぎゃく》をとるプレーを考《かんが》えていなければいけない。こちらの動《うご》きが相手《あいて》に読《よ》まれてしまっては、簡単《かんたん》にボールをとられてしまう。

パスを受《う》けるとき、ドリブルをしかけるとき、シュートをうつ前《まえ》……。あらゆる場面《ばめん》でフェイントをかけ、相手《あいて》を「だます」ことが求《もと》められる。

名《めい》プレーヤーと呼《よ》ばれる選手《せんしゅ》は、みんなフェイントがうまい。「カッコイイ!」と思《おも》うプレーヤーのフェイントを真似《まね》してみよう。

アドバイス
飛ばす方向へ目線を向けることで、ボールをうまくコントロールできる

3

2 ジャンプの頂点でインパクト。ボールをしっかり額にあてる

エースストライカーの条件 7

ジャンプのタイミング、インパクト、目線。しっかり練習してヘディングに自信をもとう

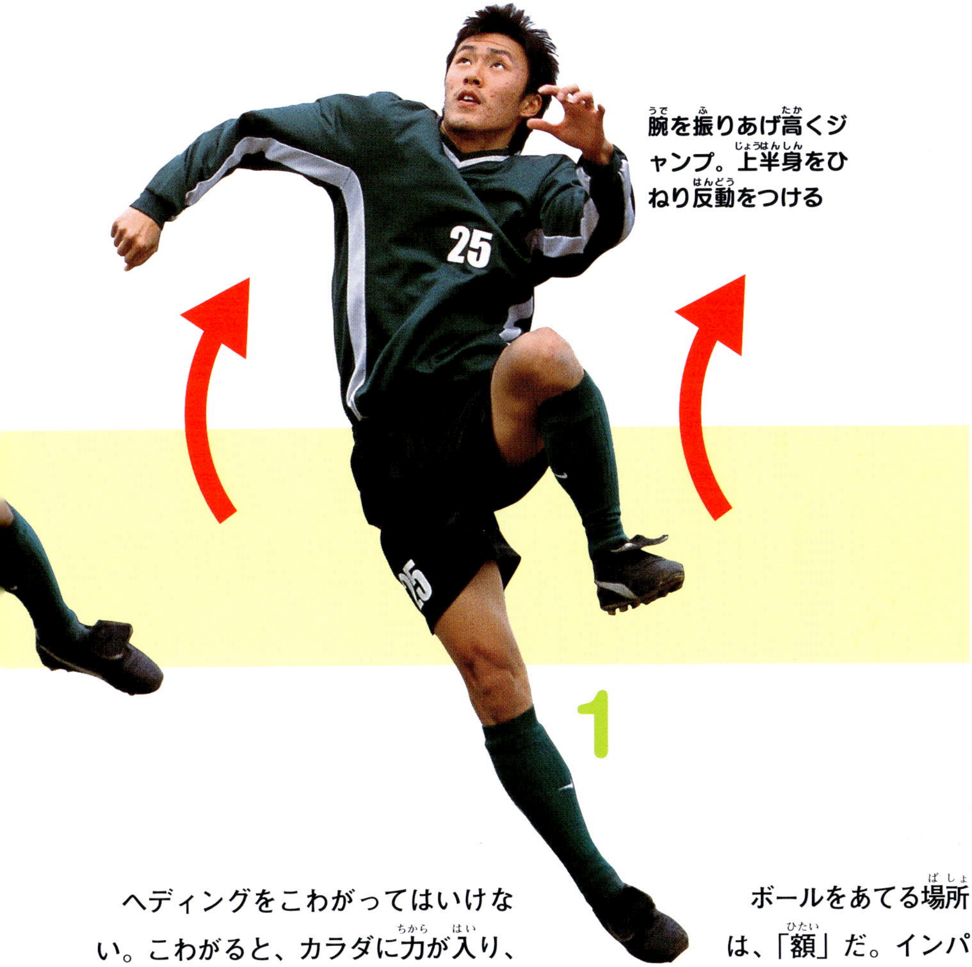

腕《うで》を振《ふ》りあげ高《たか》くジャンプ。上半身《じょうはんしん》をひねり反動《はんどう》をつける

1

ヘディングをこわがってはいけない。こわがると、カラダに力《ちから》が入《はい》り、頭《あたま》が沈《しず》んでしまい、しっかりとヘディングできない。

ヘディングするときは、ボールをよく見《み》て落下点《らっかてん》をつかみ、タイミングよくジャンプする。ジャンプするときは、上半身《じょうはんしん》をひねり反動《はんどう》をつけよう。

ボールをあてる場所《ばしょ》は、「額《ひたい》」だ。インパクトのとき大切《たいせつ》になるのは、ボールを飛《と》ばす方向《ほうこう》へ目線《めせん》を向《む》けること。こうすることで、飛《と》ばす方《ほう》向《こう》にうまくヘディングできる。一連《いちれん》の動作《どうさ》を何度《なんど》も練習《れんしゅう》して、ヘディングに自信《じしん》をもとう。

1
相手《あいて》と味方《みかた》の位置《いち》をはかって、タイミングよくパスを出《だ》す
パスを出《だ》す人《ひと》
パスを受《う》ける人《ひと》
相手《あいて》
相手《あいて》
走《はし》るコース
ボール

頼《たよ》れる司令塔《しれいとう》の条件《じょうけん》1

パスの受《う》け手《て》とのタイミングをはかり決定的《けっていてき》なスルーパスを通《とお》す

2

スルーパスは、タイミングが命《いのち》。つねに相手《あいて》の裏《うら》をねらう意識《いしき》をもとう

相手《あいて》ディフェンスの裏《うら》をつくスルーパスが通《とお》れば、いっきにチャンスがおとずれる。スルーパスは、一発《いっぱつ》でチャンスがつくれる「必殺技《ひっさつわざ》」といえる。

スルーパスは、タイミングが「命《いのち》」だ。相手《あいて》のディフェンダーとパスの受《う》け手《て》の位置《いち》をはかって、一瞬《いっしゅん》の判断《はんだん》でパスを通《とお》さなければならない。

パスを出《だ》すタイミングが遅《おく》れたり、裏《うら》をねらう受《う》け手《て》の走《はし》りだしがはやすぎたりすると、オフサイドになってしまう。つねに相手《あいて》と味方《みかた》の位置《いち》を頭《あたま》にいれておくことが大事《だいじ》だ。

また、スルーパスを通《とお》すには、ドリブルで相手《あいて》をゆさぶっておくことも必《ひつ》要《よう》になる。

軸足《じくあし》をしっかり踏《ふ》みこみ、蹴《け》り足《あし》はボールの中心《ちゅうしん》をとらえよう

積極的《せっきょくてき》にシュートをうつ姿勢《しせい》があると、プレーに幅《はば》がでる

頼《たよ》れる司令塔《しれいとう》の 条件《じょうけん》2

つねにゴールを意識《いしき》してプレーしよう

2

いろいろな攻撃《こうげき》をしかけよう

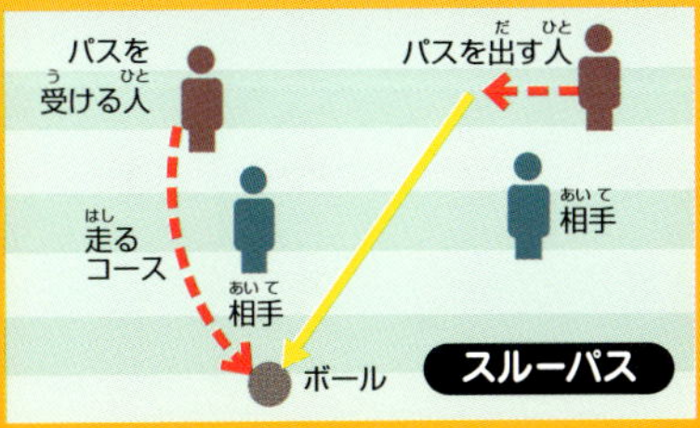

シュートをうつフリをして相手《あいて》を引《ひ》きよせ、スルーパスを出《だ》す。味方《みかた》と相手《あいて》の位置《いち》をはかり、タイミングよくボールを蹴《け》ろう

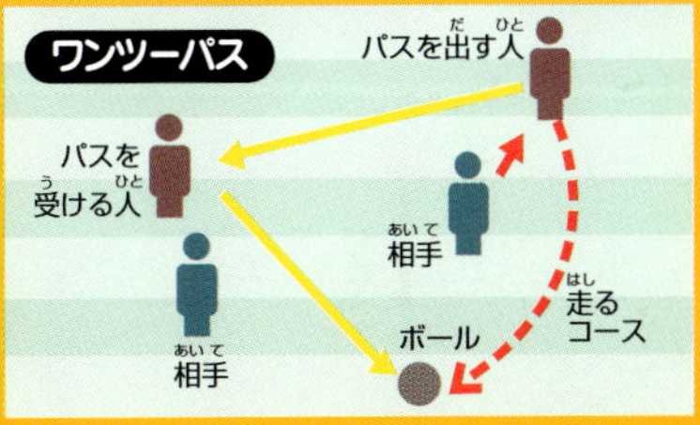

シュートをうつフリをして相手《あいて》を引《ひ》きよせ、ワンツーパスを通《とお》す。パスを出《だ》したあと、スペースにすばやく走《はし》りこもう

司令塔《しれいとう》の役割《やくわり》は、パスを出《だ》すだけではない。積極的《せっきょくてき》にシュートをうつことも大切《たいせつ》だ。ドリブル、パス、シュート…。いろいろなことができると、プレーに幅《はば》がでる。

たとえば、図《ず》のようにシュートをうとうとすると、相手《あいて》のディフェンダーがよってくるはずだ。そうすると、スペースができるので、スルーパスやワンツーパスを通《とお》しやすくなる。

つねにゴールを意識《いしき》して、いろいろな攻撃《こうげき》をしかけよう。

ロングパスは、「ねらいどころ」が大事《だいじ》。ミスをおそれずどんどんトライしよう

無理《むり》に遠《とお》くへ飛《と》ばそうとせず、バランスのよいフォームで蹴《け》ることを心《こころ》がけよう

頼《たよ》れる司令塔《しれいとう》の 条件《じょうけん》3

バランスのとれたフォームで長《なが》い距離《きょり》のパスを正確《せいかく》に蹴《け》ろう

ロングパスが通《とお》ると試合《しあい》の流《なが》れが有利《ゆうり》になる。たとえばサイドを変《か》えたいときやカウンターアタックにいくときだ。

ただし長《なが》い距離《きょり》のパスを通《とお》すのは、簡単《かんたん》ではない。なぜかというと、正確《せいかく》で強《つよ》いキックが求《もと》められるからだ。だからといって、無理《むり》な筋力《きんりょく》トレーニングは必要《ひつよう》ない。カラダの骨格《こっかく》がしっかりできていないうちは、筋力《きんりょく》トレーニングより、バランスのとれたいいフォームで蹴《け》ることを心《こころ》がけよう。

長《なが》い距離《きょり》のパスは、「ねらいどころ」が大切《たいせつ》だ。「ねらい」が無《な》ければ、トライすることをやめることも大事《だいじ》になる。

1

2 相手《あいて》に読《よ》まれないように、アウトサイドですばやくパスを出《だ》す

頼《たよ》れる司令塔《しれいとう》の 条件《じょうけん》4

ドリブルしながらいろいろなパスが出《だ》せると攻撃《こうげき》に変化《へんか》がつけられる

いろいろなパスが出《だ》せるよう、種類《しゅるい》の違《ちが》うキックをマスターしよう

3

スルーパス、ワンツーパス、センタリング、サイドチェンジなど…、ドリブルしながらいろいろなパスが出《だ》せると、攻撃《こうげき》に変化《へんか》がつけられる。

自由《じゆう》にいろいろなパスを出《だ》すには、インステップ、インサイド、アウトサイド、インフロントなど種類《しゅるい》の違《ちが》うキックをマスターしておかなくてはならない。また、利《き》き足《あし》だけでなく、左右《さゆう》両方《りょうほう》の足《あし》でボールを正確《せいかく》に蹴《け》れるようになってほしい。

味方《みかた》と相手《あいて》の動《うご》きを頭《あたま》に入《い》れたドリブルとパス。攻撃《こうげき》の流《なが》れをつくることは、司令塔《しれいとう》の重要《じゅうよう》な役割《やくわり》のひとつだ。

1

左方向《ひだりほうこう》に抜《ぬ》くとみせかける

4

相手《あいて》をかわしたら、逆《ぎゃく》サイドにすばやくパスを出《だ》す

頼《たよ》れる司令塔《しれいとう》の条件《じょうけん》5

次《つぎ》に何《なに》をするかイメージして、すばやい判断《はんだん》をしよう

2
左側《ひだりがわ》に抜《ぬ》くとみせかけたら、相手《あいて》の逆《ぎゃく》をとる動《うご》きを見《み》せる

3
右足《みぎあし》のアウトサイドでボールを右方向《みぎほうこう》にコントロール
次《つぎ》のプレーをイメージしながら、正確《せいかく》なボールコントロールを心《こころ》がけよう

試合《しあい》では、つねにすばやい判断《はんだん》が求《もと》められる。判断《はんだん》が遅《おく》れると、相手《あいて》によせられてボールをうばわれてしまう。

ボールをもらうときには、周《まわ》りを見《み》て次《つぎ》に何《なに》をするかイメージしておく必要《ひつよう》がある。

すばやい判断《はんだん》をするためには、ボールコントロールも大事《だいじ》だ。次《つぎ》のプレーのイメージを実現《じつげん》するためにも、まずは正確《せいかく》なコントロールを心《こころ》がけよう。

ファールにならないよう、上手《じょうず》に腕《うで》でブロック

ボールキープの基本《きほん》は、相手《あいて》から遠《とお》い位置《いち》でボールをコントロールすること

1

頼《たよ》れる司令塔《しれいとう》の 条件《じょうけん》6

相手《あいて》をブロックするだけでなく相手《あいて》の力《ちから》を利用《りよう》しながらボールをキープする

相手《あいて》のプレスが強《つよ》いときには、相手《あいて》からはなれるような動《うご》きも必要《ひつよう》

司令塔《しれいとう》は、試合《しあい》の流《なが》れをつくるためにも、ボールをキープしなければならない。すぐにボールをうばわれるようでは、攻撃《こうげき》が組《く》み立《た》てられない。

ボールをキープするポイントは、つねに相手《あいて》から遠《とお》い場所《ばしょ》にボールを置《お》くことだ。その上《うえ》で、腕《うで》とカラダを上手《じょうず》に使《つか》ってブロックをしよう。

ただ「キープ力《りょく》」といっても、別《べつ》に相手《あいて》と力比《ちからくら》べをするわけではない。相《あい》手《て》のプレスが強《つよ》いときには、相手《あいて》のカラダを利用《りよう》してボールとともに相手《あいて》からはなれる動《うご》きがあっても構《かま》わない。

ふだんから仲間《なかま》とボールの取《と》りあいをして、相手《あいて》との「かけひき」をおぼえておこう。

わくわくメッセージ1

選手《せんしゅ》にとって サッカーボールは「宝物《たからもの》」。 いつもそばに置《お》いて 大切《たいせつ》にあつかおう

サッカー選手《せんしゅ》にとってサッカーボールは、楽《たの》しいおもちゃであり、大切《たいせつ》な宝物《たからもの》でもある。思《おも》いきり遊《あそ》んだあとは、いつもそばに置《お》いて大事《だいじ》にあつかってほしい。

毎日《まいにち》ボールにふれていると、自然《しぜん》と愛着《あいちゃく》がわいてくる。もとは同《おな》じ色《いろ》、同《おな》じカタチをしていても、蹴《け》れば蹴《け》るほど、遊《あそ》べば遊《あそ》ぶほど、自分《じぶん》のボールになってくる。ちょっとした傷《きず》のつきかたや、蹴《け》ったときの感触《かんしょく》で、すぐに自分《じぶん》のボールであることがわかるようになったらたいしたものだ。

試合《しあい》や練習《れんしゅう》のあと、フィールドにサッカーボールを置《お》きっぱなしにして、平気《へいき》で帰《かえ》ってしまう人《ひと》がいる。サッカーを愛《あい》している人《ひと》は、けっしてそのような行動《こうどう》はとらない。大事《だいじ》なのは、ボールを片《かた》づけなきゃいけないという義務感《ぎむかん》ではなく、いつもボールといっしょにいたいという愛情《あいじょう》なのだ。

ボールにいつもふれて大切《たいせつ》にあつかう人《ひと》は、上達《じょうたつ》もはやい。逆《ぎゃく》にボールをほったらかしにしておく人《ひと》は、いつまでたってもうまくならない。ボールと仲《なか》よくなることが、サッカー上達《じょうたつ》のなによりの近道《ちかみち》なのだから。

第《だい》2章《しょう》

リフティング

ボールで遊《あそ》ぼう

転《ころ》がったり弾《はず》んだりするサッカーボールは、
簡単《かんたん》にはいうことをきいてくれない。
だからこそ、自由《じゆう》にコントロールできたときは、サイコーの気分《きぶん》。
リフティングで遊《あそ》びながら
ボールコントロールをおぼえよう。

リフティングの
目的《もくてき》

リフティングでボールコントロールをおぼえよう

　リフティングの目的《もくてき》は、ボールコントロールをおぼえることだ。ボールにふれて親《した》しむことで、上手《じょうず》にコントロールできるようになる。
　はじめは、10回《かい》を目標《もくひょう》にがんばろう。10回《かい》できたら、次《つぎ》は50回《かい》。そして100回《かい》と、うまくなるにつれて目《もく》標《ひょう》を高《たか》くしていこう。「今日《きょう》は30回《かい》をこえるまではやめない」と、自分《じぶん》なりに課題《かだい》をつくってみるのもいい。
　ただし、回数《かいすう》を競《きそ》うことが目的《もくてき》ではなく、ボールをしっかりコントロールすることが大事《だいじ》になる。ある程度《ていど》できるようになったら、これから紹介《しょうかい》するいろいろなリフティングにチャレンジしてみよう。

最初《さいしょ》のうちは回《かい》数《すう》を決《き》めて、できるようになるまで何度《なんど》もトライしよう

カラダに力《ちから》が入《はい》るとボールをうまくコントロールできない。肩《かた》の力《ちから》を抜《ぬ》いてリラックスすることが大事《だいじ》だ

毎日《まいにち》ボールで遊《あそ》ぼう。最初《さいしょ》はリフティング10回《かい》が目標《もくひょう》

リフティングの基本《きほん》

ボールの中心《ちゅうしん》をとらえよう

コントロールを安定《あんてい》させるためにボールの中心《ちゅうしん》をとらえよう

カラダの正面《しょうめん》でリフティングしつづけることを心《こころ》がけよう

ボールを高《たか》くあげすぎるとコントロールが難《むずか》しくなる。できるだけ、目《め》より下《した》の高《たか》さでキープする

ボールを落《お》としそうになっても、あきらめずつづけることが大事《だいじ》

①ボールの中心《ちゅうしん》をとらえること。②カラダの正面《しょうめん》でボールを弾《はず》ませること。この2つがリフティングの基本《きほん》になる。ボールの中心《ちゅうしん》をとらえ、カラダの正面《しょうめん》で弾《はず》ませることで、コントロールが安定《あんてい》するのだ。

ボールを落《お》としそうになっても、あきらめずにリフティングを続《つづ》けることも大切《たいせつ》だ。

試合《しあい》では、途中《とちゅう》でプレーをやめてしまうことはありえない。あきらめない気持《きも》ちを最後《さいご》までもつことが、上達《じょうたつ》につながっていくことを忘《わす》れずに練習《れんしゅう》しよう。

遊《あそ》び方《かた》 1　手《て》を使《つか》う

手《て》を使《つか》ったリフティングでボールに慣《な》れよう

はじめのうちは、うまくボールをコントロールできないことが多《おお》いだろう。そこで、まずは手《て》を使《つか》い、ボールに慣《な》れることからはじめよう。

手《て》でボールを落《お》としキックして、そのボールを再《ふたた》び手《て》でキャッチする。この動作《どうさ》を繰《く》り返《かえ》しやることで、確実《かくじつ》にボールをとらえることをカラダにおぼえさせてほしい。このとき、できるだけ同《おな》じ場所《ばしょ》でボールをキャッチできるよう心《こころ》がけよう。

また、同《おな》じ場所《ばしょ》だけではなく、インサイドやアウトサイド、もも、胸《むね》、頭《あたま》など、カラダのいろいろな部分《ぶぶん》でボールをつく練習《れんしゅう》をしよう。ボールで遊《あそ》んでいるうちに、ボールをあげる感覚《かんかく》が身《み》についてくる。

確実《かくじつ》にボールをとらえ、同《おな》じ場所《ばしょ》でキャッチできるようになろう

はじめは手《て》を使《つか》って、「ボールをとらえる」感《かん》覚《かく》を知《し》ってほしい

足《あし》の甲《こう》で、確実《かくじつ》にボールの中心《ちゅうしん》をとらえる

カラダのいろいろな部分《ぶぶん》で、ボールをタッチする感覚《かんかく》をやしなおう

額《ひたい》にあててヘディングの練習《れんしゅう》

ボールをとめる

足《あし》

足首《あしくび》のところでボールをはさむようにしてとめる

胸《むね》

胸《むね》をそらしボールをとめる

額《ひたい》にのせるときは、カラダのバランスを崩《くず》さないように気《き》をつける

頭《あたま》

ボールの勢《いきお》いをなくすには、「ふっと力《ちから》を抜《ぬ》く」感《かん》覚《かく》が必要《ひつよう》だ

遊《あそ》び方《かた》 2　ボールをとめる・回転《かいてん》

力《ちから》を抜《ぬ》いて ボールをとめてみよう

回転《かいてん》

リフティングしながら、自《じ》分《ぶん》に向《む》けてボールを回転《かいてん》させてみよう。足先《あしさき》を巧《たく》みに使《つか》うのがポイントだ

高低《こうてい》

高《たか》くあげたり、低《ひく》くあげたりして工夫《くふう》しよう。高《たか》くあがったボールをリフティングするのは難《むずか》しいが、がんばってチャレンジしてみよう

　リフティングは、ボールを蹴《け》るだけではない。カラダのいろいろなところを使《つか》って、ボールをとめる感覚《かんかく》も大事《だいじ》になる。

　ボールをとめるためには、ボールの勢《いきお》いをなくさなければならない。そのためには、一瞬《いっしゅん》「力《ちから》を抜《ぬ》く感覚《かんかく》」が必《ひつ》要《よう》だ。力《ちから》が入《はい》るとカラダがかたくなり、ボールをとめることはできない。

　また、ボールをとめるだけでなく、ボールを回転《かいてん》させたり、わざと高《たか》くあげたりして遊《あそ》んでみよう。

足《あし》の裏《うら》

指《ゆび》のつけ根《ね》あたりに神経《しんけい》を配《くば》り、ボールをたたきつけるようバウンドさせる

足《あし》のいろいろな場《ば》所《しょ》を使《つか》って、リズミカルにバウンドさせてみよう

遊《あそ》び方《かた》3　バウンドリフティング

ヒザや足首《あしくび》をやわらかく使《つか》い リズミカルにバウンドさせよう

インサイド

足首《あしくび》をやわらかく使《つか》うのも、バウンドリフティングのポイントだ

アウトサイド

ヒザをやわらかく使《つか》い、アウトサイドにしっかりあてる

蹴《け》ったり、とめたりするだけでなく、よりボールと親《した》しむために、いろいろな遊《あそ》びにトライしてみよう。バウンドリフティングもそのひとつになる。

インサイドやアウトサイド、足《あし》の裏《うら》、ヒールなど、足《あし》のいろいろな場所《ばしょ》を使《つか》い、ボールを地面《じめん》にバウンドさせて遊《あそ》んでみる。コンクリートの上《うえ》だとボールがよく弾《はず》み、リズミカルなリフティングが楽《たの》しめる。

つま先《さき》をうまく使《つか》って、自分《じぶん》の方《ほう》にボールを回転《かいてん》させよう

遊《あそ》び方《かた》 4　歩《ある》きながらリフティング

左右《さゆう》の足《あし》を使《つか》って 歩《ある》きながらリフティングする

アドバイス
歩《ある》きながらでも、カラダの正面《しょうめん》でリフティングすることを心《こころ》がけよう
慣《な》れてきたら方向《ほうこう》を変《か》えたり、高《たか》く浮《う》かせたりしてみよう

その場《ば》に立《た》ちどまった状態《じょうたい》でのリフティングに慣《な》れてきたら、今度《こんど》は歩《ある》きながらのリフティングをしてみよう。

歩《ある》きながらでも、ボールの中心《ちゅうしん》をとらえること、カラダの正面《しょうめん》でリフティングすることを忘《わす》れてはいけない。

ポイントは、左右《さゆう》の足《あし》を交互《こうご》に使《つか》うこと。こうしないと、歩《ある》きながらボールをつくことは難《むずか》しい。

どんな状況《じょうきょう》でもリフティングできることが、正確《せいかく》なボールコントロールにつながる。

遊《あそ》び方《かた》 5　小《ち》さなボールでリフティング

小《ちい》さなボールでより正確《せいかく》な

テニスボール

テニスボールは、サッカーボールに比《くら》べてはるかに小《ちい》さい。そんな小《ちい》さなボールをコントロールできるようになれば、大《おお》きなボールはよりコントロールしやすくなる。

テニスボールを使《つか》ってのリフティングも基本《きほん》は同《おな》じ。ボールの中心《ちゅうしん》をとらえ、カラダの正面《しょうめん》でリフティングするよう心《こころ》がけよう。

ボールタッチを身《み》につける

リフティング専用《せんよう》ボール

アドバイス

テニスボールに限《かぎ》らず、いろいろな小《ちい》さなボールを使《つか》ってリフティングしてみよう

相手《あいて》をブロックしながら、落《お》ちついてリフティング

遊《あそ》び方《かた》 6　プレッシャーのなかでリフティング

相手《あいて》のプレッシャーがあるなかで集中力《しゅうちゅうりょく》を鍛《きた》えよう

プレッシャーをあたえる人数《にんずう》をふやして、遊《あそ》び感覚《かんかく》で集中力《しゅうちゅうりょく》を鍛《きた》えよう

試合《しあい》では、つねに相手《あいて》のプレッシャーのあるなかでボールをコントロールしなければならない。ひとりで行《おこな》うリフティングに慣《な》れてきたら、友《とも》だちにプレッシャーをあたえてもらいながらリフティングをしてみよう。

相手《あいて》が前《まえ》に立《た》ったり、ボールをとりにきたりすると、あせってしまいコントロールにミスがでる。プレッシャーがあるなかでも、集中力《しゅうちゅうりょく》をみださずに、リフティングしつづけることが重《じゅう》要《よう》だ。

わくわくメッセージ 2

ゴールにはみんなの願《ねが》いがこめられている。だからこそ、喜《よろこ》びを素直《すなお》に表現《ひょうげん》してほしい

ゴールを決《き》めたときは、全身《ぜんしん》を使《つか》って喜《よろこ》びを表現《ひょうげん》しよう。ときどき得点《とくてん》をいれても、あたり前《まえ》のような顔《かお》をして、喜《よろこ》びを表《おもて》に出《だ》さない選手《せんしゅ》がいる。落《お》ちついてプレーすることは大事《だいじ》だが、点《てん》をとったときは素直《すなお》に感情《かんじょう》を表《おもて》に出《だ》してほしい。

なぜなら、その得点《とくてん》は自分《じぶん》ひとりであげたものではないからだ。味方《みかた》が一《いっ》生懸命《しょうけんめい》になってボールを追《お》い、パスをつないだ結果《けっか》のゴールであることを忘《わす》れてはいけない。

ひとつの得点《とくてん》には、チームみんなの強《つよ》い思《おも》いがこめられているのだ。そのことを考《かんが》えると、ひとつのゴールの「重《おも》み」というものがわかってくる。

だからこそ、ゴールをあげたときは喜《よろこ》びを爆発《ばくはつ》させてほしい。少々《しょうしょう》大《おお》げさなパフォーマンスをしたっていい。積極的《せっきょくてき》に目立《めだ》とうという意識《いしき》も大切《たいせつ》だ。

ゴールをあげるのは、フォワードだけではない。特《とく》に子《こ》どものうちは、ポジションにこだわらず、積極的《せっきょくてき》にシュートをうつようにしよう。サッカーの最大《さいだい》の喜《よろこ》びであるゴールをみんなに味《あじ》わってほしい。

第《だい》3章《しょう》

キック

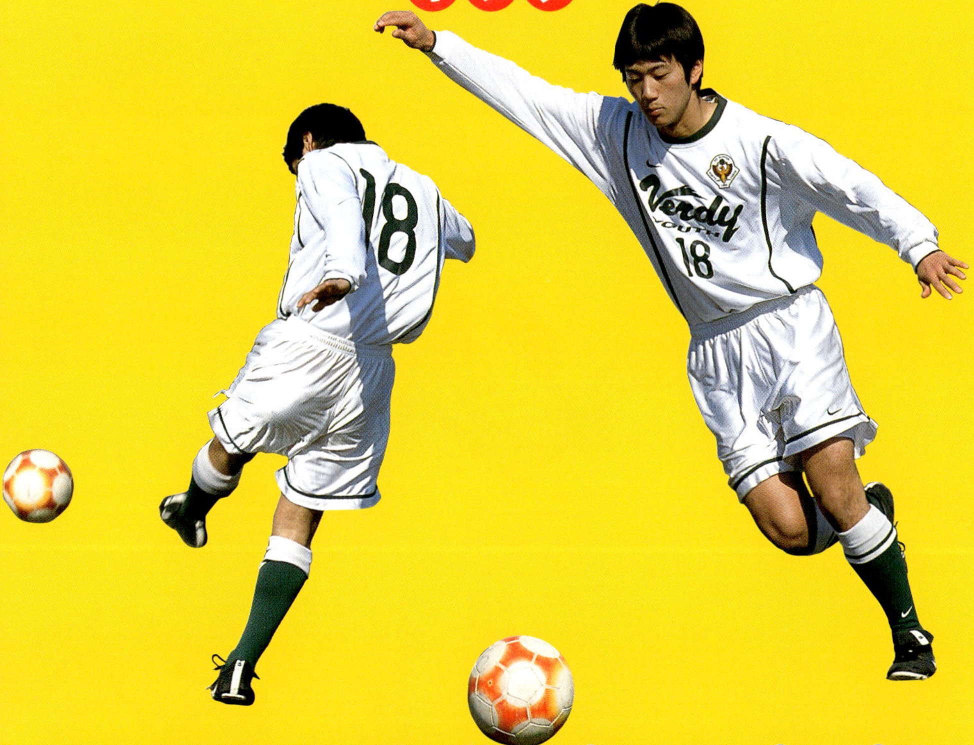

いろいろなキックをマスターしよう

インステップキック、インサイドキック、
インフロントキック、アウトサイドキック……。
サッカーにはいろいろな蹴《け》り方《かた》がある。
一《ひと》つひとつのキックを確実《かくじつ》にマスターして試合《しあい》で使《つか》いわけよう。

キックの基本《きほん》
インステップキック

バランスのとれた自然《しぜん》なフォームで蹴《け》ろう

助走《じょそう》はボールの斜《なな》め後《うし》ろから

立《た》ち足側《あしがわ》の腕《うで》をひろげ、力《ちから》強《づよ》く踏《ふ》みこむ

足《あし》の甲《こう》できちんとボールの中心《ちゅうしん》をとらえよう。ボールの中心《ちゅうしん》をとらえていないと、足《あし》を痛《いた》めやすい

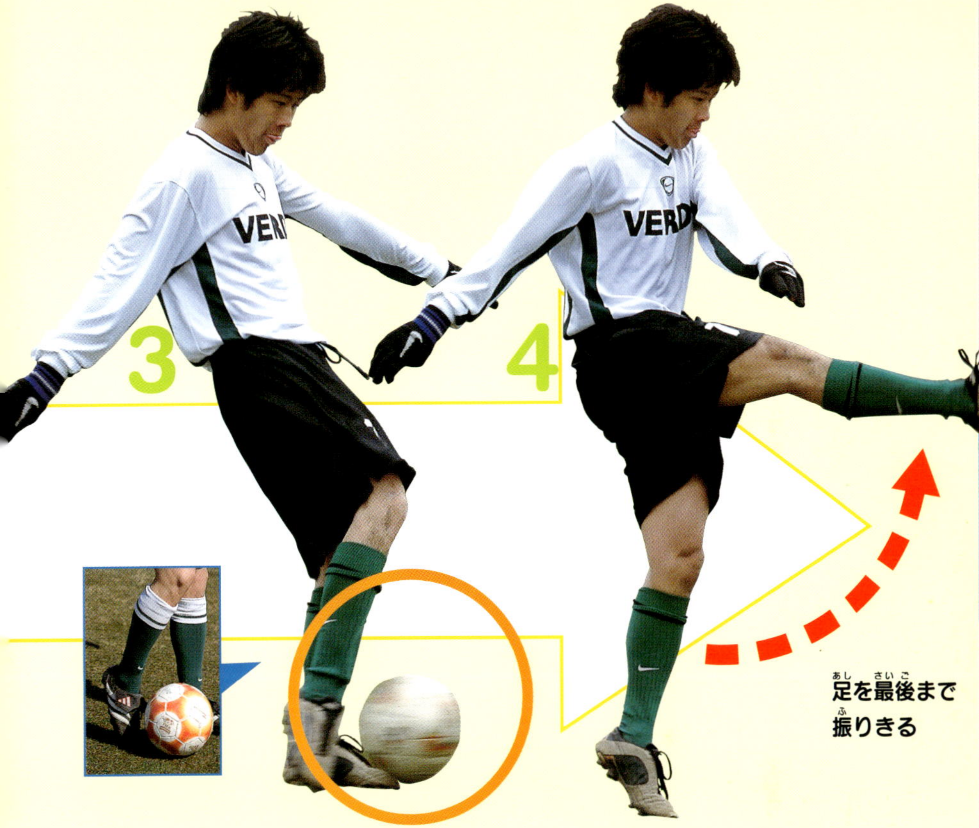

シュートやロングパスなど、遠《とお》くへ強《つよ》いボールを蹴《け》るときに使《つか》うのがインステップキックになる。なによりも、バランスのとれた自然《しぜん》なフォームで蹴《け》れるようになることが大切《たいせつ》だ。

バランスのとれたフォームで、きちんとボールの中心《ちゅうしん》をミートすれば、心地《ここち》よい感触《かんしょく》とともにボールは勢《いきお》いよく飛《と》んでいく。

自然《しぜん》なフォームで蹴《け》るには、カラダをリラックスさせることも大事《だいじ》だ。蹴《け》る前《まえ》に力《ちから》が入《はい》りすぎると、インパクトでぎこちなくなり足《あし》をはやく振《ふ》りきれない。蹴《け》る前《まえ》はリラックスして、インパクトで一番《いちばん》力《ちから》が入《はい》るよう心《こころ》がけよう。とにかく何度《なんど》も練習《れんしゅう》して、自分《じぶん》にとって自然《しぜん》なフォームをカラダにおぼえさせることが上達《じょうたつ》のカギとなる。

踏《ふ》みこみで胸《むね》をはった
いいフォーム

キックの基本《きほん》　インステップキック　上半身《じょうはんしん》の使《つか》い方《かた》

バランスのとれた
フォームのポイントは「左腕《ひだりうで》」
（左足《ひだりあし》で蹴《け》る場合《ばあい》は右腕《みぎうで》）

左腕《ひだりうで》をひろげた
安定《あんてい》したフォーム

大《おお》きくひろげた左腕《ひだりうで》は、インパクトからフォロースルーにかけて、自然《しぜん》にたたまれていく。これにより、腰《こし》のひねりが使《つか》え、強《つよ》いボールが蹴《け》れる

バランスのとれたフォームのポイントは「左腕《ひだりうで》」(左足《ひだりあし》で蹴《け》る場合《ばあい》は右腕《みぎうで》)だ。助走《じょそう》から踏《ふ》みこみまでの動《うご》きで、左腕《ひだりうで》を大《おお》きくひろげ胸《むね》をはると、フォームが安定《あんてい》し腰《こし》のひねりを使《つか》えるので強《つよ》いボールを蹴《け》ることができる。

逆《ぎゃく》に腕《うで》がちぢこまってねこ背《ぜ》になると、フォームが小《ちい》さくなり、強《つよ》いボールが蹴《け》れなくなる。

左腕《ひだりうで》を大《おお》きく使《つか》ったバランスのいいフォームになっているか、友《とも》だちに見《み》てもらったり、ビデオに撮《と》ったりしてチェックしよう。

キックの基本《きほん》 インステップキック 助走《じょそう》の角度《かくど》

助走《じょそう》は自分《じぶん》なりの蹴《け》りやすい角度《かくど》を見《み》つけよう

斜《なな》めから入《はい》ると、
自然《しぜん》なフォームで
蹴《け》ることができる

正面《しょうめん》からの助走《じょそう》も含《ふく》め、いろいろな角度《かくど》を試《ため》してみて、自分《じぶん》の蹴《け》りやすい角度《かくど》を見《み》つけよう

助走《じょそう》は、ボールに向《む》かって斜《なな》めから入《はい》ったほうがいい。斜《なな》めから入《はい》ると、バランスよく自然《しぜん》なフォームで蹴《け》ることができる。

試《ため》しに正面《しょうめん》から助走《じょそう》して蹴《け》ってみるといい。フォームが小《ちい》さくなり、足《あし》だけで蹴《け》るかっこうになる。もちろん試《し》合《あい》では、正面《しょうめん》から蹴《け》る場面《ばめん》もあるかもしれないので、練習《れんしゅう》しておいても損《そん》ではない。

バランスのとれた自然《しぜん》なフォームで蹴《け》るためにも、いろいろな角度《かくど》からの助走《じょそう》を試《ため》してみて、自分《じぶん》なりの蹴《け》りやすい角度《かくど》を見《み》つけよう。

高《たか》くあがるボールを蹴《け》る場合《ばあい》

キックの基本《きほん》 インステップキック 高《たか》く蹴《け》る・低《ひく》く蹴《け》る

高《たか》くあがるボールの踏《ふ》みこみは「あさめ」、低《ひく》い弾道《だんどう》のボールの踏《ふ》みこみは「ふかめ」

低《ひく》い弾道《だんどう》の
ボールを蹴《け》る場合《ばあい》

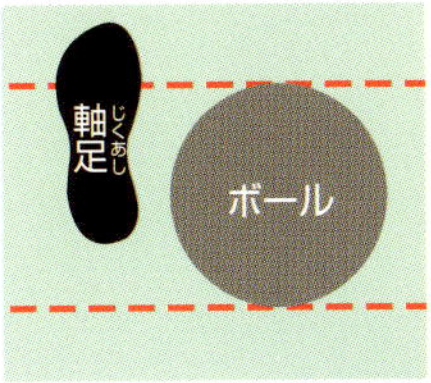

踏《ふ》みこみを「ふかめ」にする

ボールを蹴《け》るとき、上半身《じょうはんしん》をかぶせる

ゴールに向《む》かって高低《こうてい》をうちわけよう。ゴールバーにあたるぐらいの高《たか》いボール、はやくて低《ひく》い弾道《だんどう》のボールと、うちわけながら繰《く》りかえし練習《れんしゅう》しよう。

バランスのとれたいいフォームでボールを蹴《け》れるようになったら、今度《こんど》は高《たか》くあがるボールと、低《ひく》い弾道《だんどう》のボールをうちわけてみよう。

高《たか》くあがるボールを蹴《け》る場合《ばあい》は、ボールのほぼ真横《まよこ》（あさめ）に踏《ふ》みこむ。軸足《じくあし》の体重《たいじゅう》は後《うし》ろにかかり、フォロースルーも大《おお》きくなる。

これに対《たい》して低《ひく》い弾道《だんどう》のボールを蹴《け》る場合《ばあい》は、ボールの真横《まよこ》よりやや前《まえ》（ふかめ）に踏《ふ》みこむ。軸足《じくあし》の体重《たいじゅう》は前《まえ》にかかり、フォロースルーもおさえぎみになる。

これらのフォームをすべて意識《いしき》して蹴《け》ることは難《むずか》しい。意識《いしき》するのは踏《ふ》みこみの位置《いち》ぐらいにして、あとは何度《なんど》も練習《れんしゅう》してカラダにおぼえさせよう。

ボールを斜《なな》め前《まえ》から転《ころ》がしてもらって蹴《け》ってみよう

やさしいボールを転《ころ》がしてもらい、いいフォームで確実《かくじつ》にボールをミートしよう

ボールが飛《と》ばない、うまく蹴《け》れない人《ひと》は、ボールを斜《なな》め前《まえ》から転《ころ》がしてもらって蹴《け》る練習《れんしゅう》をしてみよう。

はじめはやさしいボールを転《ころ》がしてもらい、確実《かくじつ》にボールの中心《ちゅうしん》をとらえること、そしてバランスのとれた自然《しぜん》なフォームで蹴《け》ることを心《こころ》がけよう。

試合《しあい》ではつねにボールが動《うご》いているわけだから、この方《ほう》が実戦的《じっせんてき》でもある。

キックの基本《きほん》
インサイドキック

長《なが》い距離《きょり》

長《なが》い距離《きょり》のボールを蹴《け》る場《ば》合《あい》のインサイドキックは、「ボールをつぶす」感覚《かんかく》で

短《みじか》い距離《きょり》は正確《せいかく》に。長《なが》い距離《きょり》はボールをつぶすように蹴《け》ろう

短《みじか》い距離《きょり》

短《みじか》い距離《きょり》のボールを蹴《け》る場《ば》合《あい》のインサイドキックは、正確性《せいかくせい》が大事《だいじ》

ショートパスなどの短《みじか》い距離《きょり》でのインサイドキックは、なにより正確性《せいかくせい》が求《もと》められる。この場合《ばあい》、蹴《け》り足《あし》の足首《あしくび》を固定《こてい》し、かかとを押《お》しだすような蹴《け》り方《かた》になる。上手《じょうず》に蹴《け》れるようになると、一番正確《いちばんせいかく》なキックとして使《つか》えるようになる。

これに対《たい》してスルーパスなどの長《なが》い距離《きょり》のボールを蹴《け》るときは、強《つよ》いボールが求《もと》められることもある。この場合《ばあい》、軸足《じくあし》を強《つよ》く踏《ふ》みこみ、「ボールをつぶす」感覚《かんかく》で蹴《け》るようにしよう。2つの蹴《け》り方《かた》を、状況《じょうきょう》に応《おう》じて使《つか》いわけられるよう練習《れんしゅう》してほしい。

2

足首《あしくび》をしっかり固定《こてい》してかかとを押《お》しだすように蹴《け》る

足首《あしくび》を固定《こてい》し、
かかとをまっすぐ
押《お》しだす

インパクトで足首《あしくび》が
ぐらつかないよう、
しっかり固定《こてい》しよう

1

ボールに向《む》かって正面《しょうめん》から、しっかり踏《ふ》みこむ

右《みぎ》や左《ひだり》、いろいろな方向《ほうこう》にすばやくパスを出《だ》せるよう練習《れんしゅう》しよう

短《みじか》い距離《きょり》のボールを蹴《け》る場合《ばあい》のインサイドキックは、味方《みかた》がコントロールしやすいところへ確実《かくじつ》に蹴《け》らなければならない。

このキックでは、軸足《じくあし》と蹴《け》り足《あし》の角《かく》度《ど》をおよそ90度《ど》にして、かかとを押《お》しだすようにして蹴《け》るのがポイントだ。

ボールにあてる面《めん》を、蹴《け》る方向《ほうこう》にまっすぐ出《だ》すことで、より正確《せいかく》にボールを蹴《け》ることができる。このとき注意《ちゅうい》しなければならないのは、蹴《け》り足《あし》の「足《あし》首《くび》の固定《こてい》」だ。インパクトで足首《あしくび》がゆるんでしまうと、正確《せいかく》に蹴《け》れなくなってしまう。

また、踏《ふ》みこみがあさいと、蹴《け》り足《あし》を無理《むり》に押《お》しだすことになってしまう。これでは体重《たいじゅう》が後《うし》ろに残《のこ》り、フォロースルーでバランスがくずれてしまう。

キックの基本《きほん》 インサイドキック 長《なが》い距離《きょり》

インパクトで「ボールをつぶす」ように蹴《け》る

1

インステップで蹴《け》るような感覚《かんかく》で、斜《なな》めから助《じょ》走《そう》に入《はい》る

2

軸足《じくあし》を強《つよ》く踏《ふ》みこみ、「ボールをつぶす」感覚《かんかく》で蹴《け》る

蹴《け》る力《ちから》の強弱《きょうじゃく》で、どのくらいのボールが飛《と》ぶか、カラダでおぼえよう

せまいスペースへ、はやいパスを出《だ》す場合《ばあい》などに使《つか》うインサイドキックは、強《つよ》くて低《ひく》いボールを蹴《け》らなくてはならない。そのために、同《おな》じインサイドでも短《みじか》い距離《きょり》のボールの蹴《け》り方《かた》とは違《ちが》ったものになる。

このキックのポイントは、インパクトで「ボールをつぶす」ように蹴《け》ることだ。いいキックのときは、いい「音《おと》」が鳴《な》る。

蹴《け》る力《ちから》の強 弱《きょうじゃく》で、距離《きょり》の長《なが》さをコントロールできるよう練 習《れんしゅう》しよう。

インパクトで足《あし》首《くび》がぐらつかないよう、しっかり固定《こてい》する

少《すこ》しぐらいボールが内側《うちがわ》に回転《かいてん》してもよい。強《つよ》く蹴《け》ることが大事《だいじ》だ

キックの基本《きほん》
インフロントキック

インフロントキックを

「ふつうのクロス」、「はやいクロス」、「ふわっと浮《う》くボール」を使《つか》いわけよう

場面《ばめん》に応《おう》じて使《つか》いわける

ボールを蹴《け》る場所《ばしょ》は、親指《おやゆび》のつけ根《ね》あたり

インフロントキックは、中距離《ちゅうきょり》のボールを蹴《け》ったり、ボールに回転《かいてん》をあたえカーブをかけたりできる蹴《け》り方《かた》のひとつだ。パスやセンタリング、コーナーキック、フリーキックといろいろな場面《ばめん》で使《つか》えるのでぜひマスターしたい。

ここでは、インフロントキックを大《おお》きく3つにわけてみた。「ふつうのクロスをあげるとき」、「はやいクロスをあげるとき」、「ふわっと浮《う》くボールを蹴《け》るとき」。基本的《きほんてき》なフォームにそれほどの違《ちが》いはないが、助走《じょそう》の位置《いち》（角《かく》度《ど》）や蹴《け》り足《あし》の足首《あしくび》の開《ひら》きぐあいで、ボールの軌道《きどう》が変《か》わってくる。

これらの蹴《け》り方《かた》を、場面《ばめん》によって使《つか》いわけられるようになれば、プレーの幅《はば》も大《おお》きくひろがる。

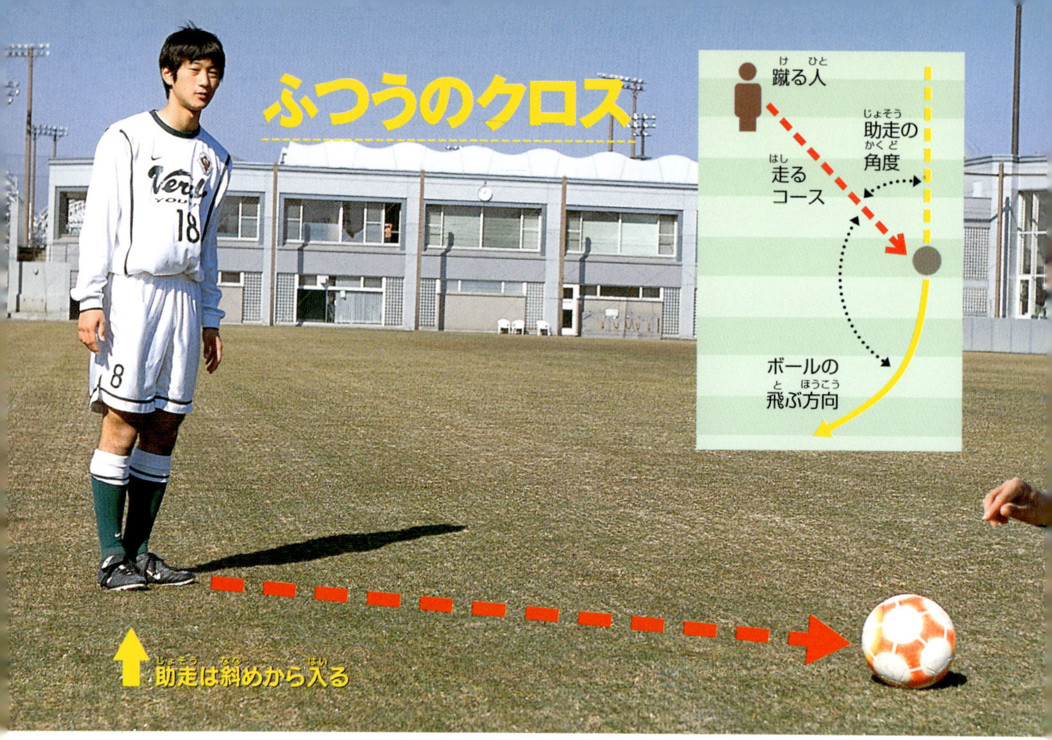
ふつうのクロス
蹴《け》る人《ひと》
助走《じょそう》の角度《かくど》
走《はし》るコース
ボールの飛《と》ぶ方向《ほうこう》
助走《じょそう》は斜《なな》めから入《はい》る

キックの基本《きほん》　インフロントキック　ふつうのクロス

ボールの曲《ま》がりぐあいは助走《じょそう》と足首《あしくび》の角度《かくど》で調節《ちょうせつ》する

　クロスボールをあげるときのキックのポイントは、助走《じょそう》の角度《かくど》と蹴《け》り足《あし》の足首《あしくび》の角度《かくど》だ。助走《じょそう》の角度《かくど》を小《ちい》さくし、蹴《け》り足《あし》の足首《あしくび》の角度《かくど》を大《おお》きくするにしたがって、ボールの回転《かいてん》は弱《よわ》まり、曲《ま》がり方《かた》も小《ちい》さくなる。

　このあたりの調節《ちょうせつ》ができるようになれば、キックの幅《はば》が大《おお》きくひろがるはずだ。

　インフロントキックは、試合《しあい》でたくさん使《つか》うキックなので、場面《ばめん》に応《おう》じて蹴《け》りわけられるようにしよう。

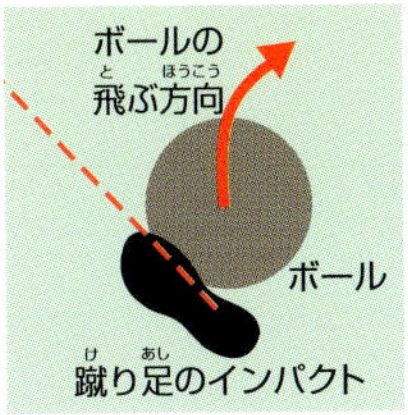
ボールの
飛《と》ぶ方向《ほうこう》
ボール
蹴《け》り足《あし》のインパクト

ボールが飛《と》ぶ方向《ほうこう》に対《たい》して、蹴《け》り足《あし》の足首《あしくび》の開《ひら》きが大《おお》きくなるほど、ボールの曲《ま》がり方《かた》は小《ちい》さくなる

バランスのいいフォームだと、フォロースルーでも体勢《たいせい》がくずれない

アドバイス

ボールをよく見《み》てしっかり踏《ふ》みこむ

1

2

いろいろな角《かく》度《ど》の助走《じょそう》を試《ため》してみて、自分《じぶん》なりのボールの曲《ま》がりぐあいを知《し》ろう

はやいクロス
蹴《け》る人《ひと》
助走《じょそう》の角度《かくど》
走《はし》るコース
ボールの飛《と》ぶ方向《ほうこう》
ふつうのクロスの位《い》置《ち》
助走《じょそう》の角度《かくど》は大《おお》きく。ボールに対《たい》し横《よこ》から入《はい》るイメージ

キックの基本《きほん》　インフロントキック　はやいクロス

助走《じょそう》の角度《かくど》は大《おお》きく。足首《あしくび》の開《ひら》きを小《ちい》さくして蹴《け》る

ゴール前《まえ》の味方《みかた》へあわせるピンポイントのクロスに使《つか》う蹴《け》り方《かた》。中村俊輔《なかむらしゅんすけ》選手《せんしゅ》が得意《とくい》としていて、フリーキックのときなどでよく見《み》られるキックだ。

ポイントは、助走《じょそう》の角度《かくど》と蹴《け》り足《あし》の足首《あしくび》の角度《かくど》だ。助走《じょそう》の角度《かくど》は大《おお》きめにし、ボールに向《む》かってかなり横《よこ》から入《はい》るようにする。

インパクトでの蹴《け》り足《あし》の足首《あしくび》の角度《かくど》は小《ちい》さめになる。横《よこ》からこするような蹴《け》り方《かた》になり、とらえる場所《ばしょ》はあくまでボールの中心《ちゅうしん》になる。

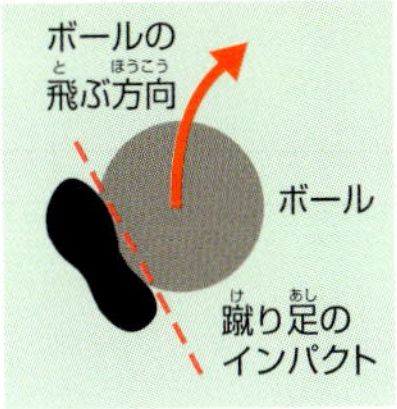
ボールの
飛《と》ぶ方向《ほうこう》
ボール
蹴《け》り足《あし》の
インパクト

はやいクロスをあげるときは、
足首《あしくび》の開《ひら》きを小《ちい》さくする

横《よこ》から「こする」
ようなイメージで
蹴《け》る

1

インパクトでは、
蹴《け》り足《あし》の足首《あしくび》の角《かく》
度《ど》は小《ちい》さめ

2

ボールにするどい横回転《よこかいてん》をあたえるため、横《よこ》から「こする」ような蹴《け》り方《かた》になる

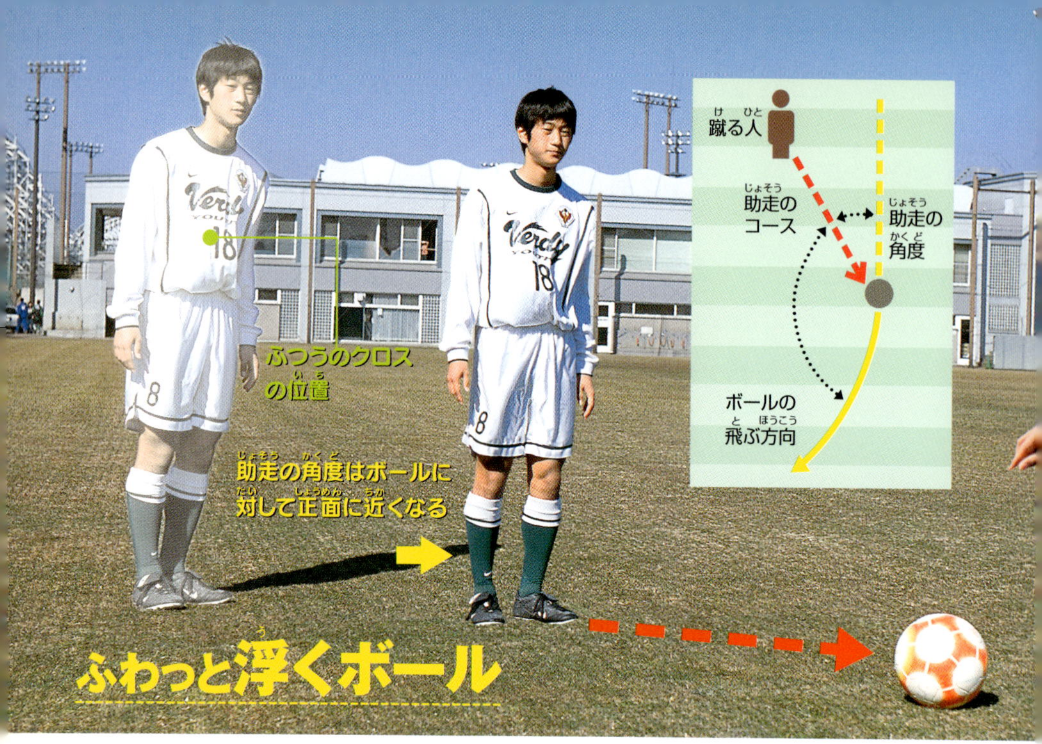
蹴《け》る人《ひと》
助走《じょそう》のコース
助走《じょそう》の角度《かくど》
ボールの飛《と》ぶ方向《ほうこう》
ふつうのクロスの位置《いち》
助走《じょそう》の角度《かくど》はボールに対《たい》して正面《しょうめん》に近《ちか》くなる
ふわっと浮《う》くボール

キックの基本《きほん》　インフロントキック　ふわっと浮《う》くボール

足首《あしくび》を大《おお》きく開《ひら》き
ボールをふわっと浮《う》かせる

　インフロントキックは、カーブをかけるボールばかりではない。蹴《け》り方《かた》によって、ボールをふわっと浮《う》かせることもできる。このボールは、相手《あいて》の頭《あたま》越《ご》しの味方《みかた》にパスする場合《ばあい》に有効《ゆうこう》な蹴《け》り方《かた》だ。

　このボールを蹴《け》るときの助走《じょそう》の角度《かくど》は小《ちい》さめでいい。インパクトでは蹴《け》り足《あし》の足首《あしくび》の角度《かくど》を大《おお》きくする。

　味方《みかた》が受《う》けやすいよう、やわらかいボールを蹴《け》ることを心《こころ》がけよう。

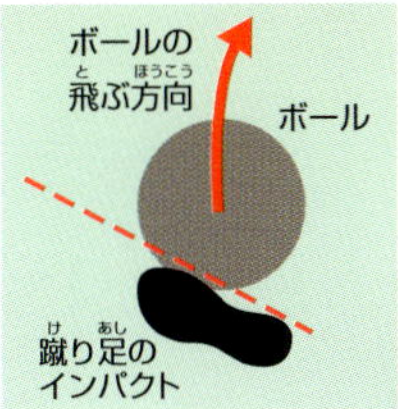
ボールの
飛《と》ぶ方向《ほうこう》
ボール
蹴《け》り足《あし》の
インパクト

ふわっと浮《う》くボールを蹴《け》る
ときは、足首《あしくび》を大《おお》きく開《ひら》く

蹴《け》り足《あし》を押《お》しだすように
フォロースルー

1
2

目標《もくひょう》を確認《かくにん》し、
ふわっとした
ボールを蹴《け》る

アドバイス

インパクトでは
蹴《け》り足《あし》の足首《あしくび》
は大《おお》きく開《ひら》く。
味方《みかた》が受《う》けや
すいよう、やわ
らかいボール
を出《だ》そう

相手《あいて》の意表《いひょう》をつく パスが出《だ》せる アウトサイドキック

ショート

すばやい動作《どうさ》で
ショートパスを
出《だ》す

アウトサイドキックは、相手《あいて》に読《よ》まれにくい蹴《け》り方《かた》だ。ボールをコントロールしたあと、あるいはドリブルをしながら、相手《あいて》の意表《いひょう》をついてパスを通《とお》したいときに使《つか》えるキックだ。

また、「ショート」と「ロング」、距《きょ》離《り》に応《おう》じて蹴《け》り方《かた》が変《か》わってくる。難《むずか》しいキックではあるが、小《ちい》さいころから練習《れんしゅう》しておくと、はやくマスターできる。

タイミングを
はかって
ロングパスを出《だ》す
ロング

キックの基本《きほん》　アウトサイドキック　短《みじか》い距離《きょり》

小《ちい》さな動作《どうさ》ですばやく足《あし》の甲《こう》の外側《そとがわ》にあてる

ボールが右足《みぎあし》の右側《みぎがわ》にある場合《ばあい》

ヒザ下《した》のはやい振《ふ》りで、ボールをプッシュするたとえば、右足《みぎあし》のアウトサイド側《がわ》にボールがあり、パスを出《だ》す味方《みかた》が右《みぎ》サイドにいる場合《ばあい》、アウトサイドなら間《ま》をおかずに蹴《け》ることができる。足首《あしくび》のスナップをきかせ、ちょこんとボールを蹴《け》る動作《どうさ》だ。すばやく小《ちい》さい動作《どうさ》だから、相手《あいて》にも読《よ》まれにくい。

また、相手《あいて》の意表《いひょう》をつくキックなので、はやさが要求《ようきゅう》される。とくにショートパスでは、ワンステップで蹴《け》れるようにしておくことが大切《たいせつ》だ。

ボールがカラダの正面《しょうめん》にある場合《ばあい》

足首《あしくび》のスナップをきかせて、足《あし》の甲《こう》の外側《そとがわ》にあてる

インステップに近《ちか》い蹴《け》り方《かた》で シャープに足《あし》を振《ふ》る

相手《あいて》の意表《いひょう》をつくタイミングで蹴《け》ることが大《だい》事《じ》。蹴《け》り足《あし》のヒザ下《した》の動《うご》きをすばやくしよう

3

インフロントキックとは逆《ぎゃく》に、ボールが外側《そとがわ》（右足《みぎあし》なら右側《みぎがわ》）にカーブしていく

スルーパスなどでよく使《つか》う、長《なが》い距《きょ》離《り》を蹴《け》るためのアウトサイドキックは、助走《じょそう》がインステップキックに似《に》ている蹴《け》り方《かた》だ。

ボールを足《あし》の甲《こう》の外側《そとがわ》にあて、ヒザ下《した》をシャープに振《ふ》ることで、インフロントキックとは反対《はんたい》にボールが回転《かいてん》し、外側《そとがわ》（右足《みぎあし》なら右側《みぎがわ》）に曲《ま》がるボールが飛《と》ぶ。

1
ドリブルしながら、
タイミングをはかる

2
足首《あしくび》をのばして
インパクトする

つま先《さき》で蹴《け》らないように注意《ちゅうい》しよう
1
2
バランスのいいフォームで、しっかり軸足《じくあし》を踏《ふ》みこむ

キックの基本《きほん》 トゥーキック

ヒザ下《した》のすばやい動作《どうさ》で相手《あいて》のタイミングをはずす

3

ヒザ下《した》の動《うご》きは
すばやく

トゥーキックでシュートすると、キーパーのタイミングをはずしやすい

インパクトでは、つま先《さき》をあげた状《じょう》態《たい》で足首《あしくび》を固定《こてい》し、足《あし》の指《ゆび》の裏《うら》で蹴《け》るようにしよう

トゥーキックは、ゴールに近《ちか》いところからのシュートとして使《つか》われることがある。ヒザ下《した》を使《つか》った、すばやい動《どう》作《さ》だけで蹴《け》るので、蹴《け》った瞬間《しゅんかん》にはやくて回転《かいてん》のかからないボールが飛《と》ぶ。このためシュートの場合《ばあい》、キーパーのタイミングをはずしやすくなる。

蹴《け》る場所《ばしょ》は、足《あし》の指《ゆび》の裏《うら》だ。指《ゆび》の裏《うら》ではなくつま先《さき》で蹴《け》ると、つき指《ゆび》をしやすいので気《き》をつけよう。また、混戦《こんせん》したゴール前《まえ》でのシュートだけでなく、パスにも利用《りよう》できるキックだ。

味方《みかた》と相手《あいて》の位《い》置《ち》を把握《はあく》して、タイミングよくパスを出《だ》そう

後《うし》ろへ押《お》しだすようにして蹴《け》る

しっかりボールの中心《ちゅうしん》をとらえる

キックの基本《きほん》　ヒールキック

パスの距離《きょり》を考《かんが》え かかとで蹴《け》る

正面《しょうめん》から見《み》た動《うご》き

1

蹴《け》り足《あし》を振《ふ》りおろすようにして、かかとでボールを蹴《け》る

ヒールキックは、かかとにボールをあてて後《うし》ろにパスを出《だ》したいときに使《つか》う蹴《け》り方《かた》だ。背後《はいご》へのキックなので、相手《あいて》の意表《いひょう》をつくことができる。

蹴《け》り足側《あしがわ》にボールがある場合《ばあい》は、足《あし》をそのまま後《うし》ろに振《ふ》り、ボールを押《お》しだす。軸足《じくあし》の外側《そとがわ》にボールがある場合《ばあい》は、写真《しゃしん》のように足《あし》を交差《こうさ》して蹴《け》る。

大事《だいじ》なのは、味方《みかた》と相手《あいて》の位置《いち》をしっかり把握《はあく》しておくことだ。パスの距離《きょり》を考《かんが》えて、蹴《け》る力《ちから》をコントロールしよう。

キックの基本《きほん》　チップキック

足首《あしくび》のスナップを使《つか》い ボールを「持《も》ちあげる」ように蹴《け》る

「蹴《け》る」でもなく「すくう」でもなく「持《も》ちあげる」感覚《かんかく》

チップキックは、相手《あいて》の頭越《あたまご》しに、「ふわっ」とボールを浮《う》かせたりするときに使《つか》う蹴《け》り方《かた》だ。相手《あいて》がタックルにきたときや、キーパーと1対《たい》1になったときに使《つか》える。

「蹴《け》る」というより、足首《あしくび》のスナップを使《つか》い、ボールを「持《も》ちあげる」という感覚《かんかく》のほうが近《ちか》い。「すくう」という感覚《かんかく》とも違《ちが》う。足《あし》の指先《ゆびさき》に神経《しんけい》を集《しゅう》中《ちゅう》させながら、ボールを持《も》ちあげよう。

1
相手《あいて》の意表《いひょう》をつくためにもステップは小《ちい》さく
2
指先《ゆびさき》に神経《しんけい》を集 中《しゅうちゅう》させながら、ボールを「持《も》ちあげる」感覚《かんかく》でインパクト

キックの基本《きほん》　オーバーヘッドキック

コントロールする間《ま》がないときにジャンプして後《うし》ろや横《よこ》にボールを蹴《け》る 2

落《お》ちるときは手《て》を先《さき》に地面《じめん》につき、腕《うで》をクッションにする

オーバーヘッドキックは、みんなを「アッ」とおどろかせる大胆《だいたん》なキックだ。コントロールする間《ま》がないときに、ジャンプして後《うし》ろや横《よこ》に蹴《け》ることができる。もちろん、シュートにも有効《ゆうこう》だ。

しかし、空中《くうちゅう》でしっかりとボールをとらえるのは簡単《かんたん》ではないし、危険《きけん》もともなう。まずは座《すわ》りながら、後《うし》ろに蹴《け》る練習《れんしゅう》からはじめよう。

また、蹴《け》り終《お》わったあと、落《お》ちるときの受《う》け身《み》も大事《だいじ》だ。カラダより先《さき》に腕《うで》を地面《じめん》につけ、クッションにし、落《お》ちたときの衝撃《しょうげき》をやわらげよう。

キックの基本《きほん》 左右《さゆう》の足《あし》を使《つか》う

左右《さゆう》の足《あし》を自由《じゆう》に使《つか》える ようになると プレーの幅《はば》が ひろがる

左右《さゆう》の足《あし》で蹴《け》ることができれば、いろいろな状況《じょうきょう》に対応《たいおう》できる

利《き》き足《あし》だけでなく、左右《さゆう》の足《あし》でボールを蹴《け》ることができれば、サッカーはもっと自由《じゆう》にプレーできる。

利《き》き足《あし》だけで蹴《け》ろうとすると、プレーの幅《はば》がせまくなるし、ボールの位置《いち》によって、いちいちボールを持《も》ちかえたり、ステップしたりすることはそれだけで時間《じかん》のロスで、なにより相手《あいて》に動《うご》きを読《よ》まれてしまう。

左右《さゆう》の足《あし》を自由《じゆう》に使《つか》える選手《せんしゅ》は、攻《こう》撃《げき》のバリエーションを幅《はば》ひろくもっていることになる。相手《あいて》にとってはイヤな選手《せんしゅ》だ。

番外《ばんがい》　スローインの基本《きほん》

味方《みかた》がコントロールしやすいところにボールを投《な》げよう

味方《みかた》と相手《あいて》の位置《いち》をよく見《み》て投《な》げる。投《な》げ終《お》わったらすぐピッチに戻《もど》り、プレーに参加《さんか》する

ボールをコントロールしやすいところは、足元《あしもと》と頭《あたま》、胸《むね》のあたり

味方《みかた》が、ボールをコントロールしやすいところに投《な》げよう。避《さ》けたいのは、胸《むね》の下《した》からヒザの上《うえ》までのお腹《なか》の部分《ぶぶん》

ボールがタッチラインをわったとき、ラインの外《そと》からピッチへ投《な》げいれるのがスローインだ。「手《て》で投《な》げるから簡単《かんたん》！」などと、スローインを軽《かる》く考《かんが》えてはいけない。1本《ぽん》のスローインが攻撃《こうげき》の起点《きてん》となり、ゴールに結《むす》びつくこともあるからだ。

スローインの基本《きほん》は、味方《みかた》の受《う》けやすいところに投《な》げることだ。避《さ》けたいのは、胸《むね》の下《した》からヒザの上《うえ》までの間《あいだ》。ここに投《な》げられるとボールをとめることで精一杯《せいいっぱい》になってしまう。味方《みかた》と相《あい》手《て》の位置《いち》をよく見《み》て、タイミングよく正確《せいかく》に投《な》げよう。

わくわくメッセージ3

「ボールのとりっこ」をして、遊《あそ》びながら接触《せっしょく》プレーのかけひきをおぼえよう

サッカーでは、1対《たい》1の場面《ばめん》で相手《あいて》に勝《か》つことはとても重要《じゅうよう》だ。ひとりかわすことで、数的優位《すうてきゆうい》になり、よりゴールに近《ちか》づくことになる。

1対《たい》1に勝《か》つことで、いいシュートがうてるし、いいパスも出《だ》せる。逆《ぎゃく》に1対《たい》1の場面《ばめん》で負《ま》けてばかりいると、攻撃《こうげき》のカタチを作《つく》れなくなるし、それ以前《いぜん》にサッカーが楽《たの》しくなくなってしまう。

そもそも「ボールのとりっこ」は、サッカーの原点《げんてん》といえる。遊《あそ》びながら相手《あいて》とボールの奪《うば》いあいを繰《く》り返《かえ》すなかで、実《じっ》戦《せん》のテクニックが身《み》につくのだ。

1対《たい》1の場面《ばめん》では接触《せっしょく》プレーが多《おお》くなる。日本《にほん》人《じん》は、この接触《せっしょく》プレーを苦手《にがて》とする傾向《けいこう》がある。

しかし、サッカーではそんな苦手意《にがてい》識《しき》は禁物《きんもつ》だ。接触《せっしょく》プレーでは、相手《あいて》にカラダをあずけたり、相手《あいて》のカラダに反動《はんどう》をつけてはなれたりという「かけひき」が求《もと》められる。

仲間《なかま》と「ボールのとりっこ」をして、遊《あそ》びながら上手《じょうず》なカラダの使《つか》い方《かた》をおぼえてほしい。

第《だい》4章《しょう》

ボールコントロール

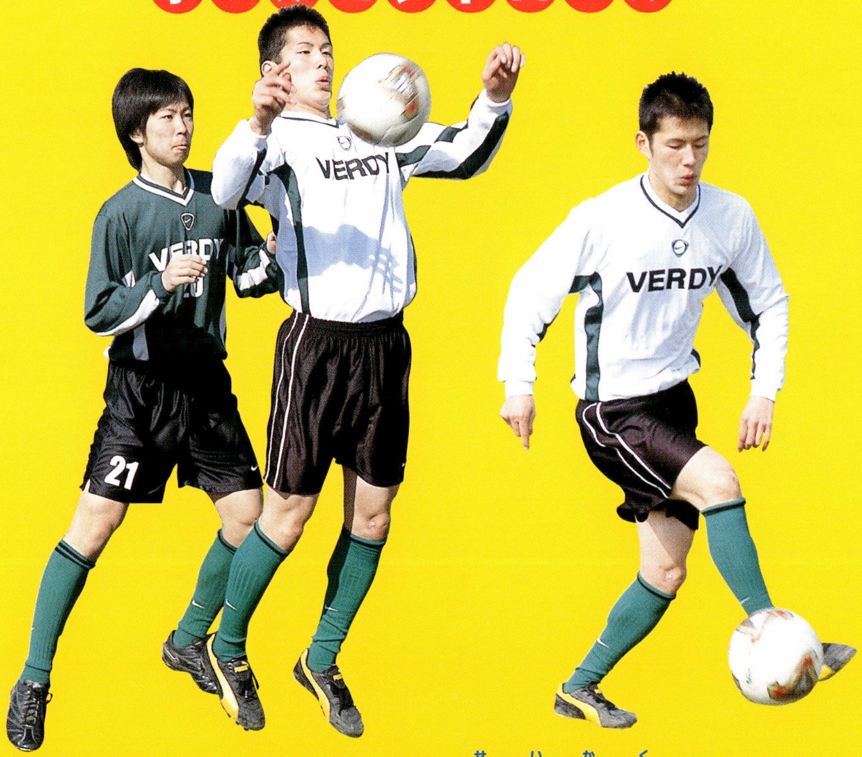

ボールを正確《せいかく》にコントロールしよう

ボールコントロールはサッカーの基本《きほん》だ。
これができなければサッカーはつまらない。
逆《ぎゃく》にいえば、ボールコントロールがうまくなればなるほどサッカーは楽《たの》しくなってくる。
サッカーを楽《たの》しむための「基本《きほん》」を身《み》につけよう。

ボールコントロールの基本《きほん》
ボールをとめる

足《あし》の裏《うら》を使《つか》ってボ

カラダのバランスが崩《くず》れないような体勢《たいせい》をとる

ボールコントロールがしやすく、次《つぎ》のプレーにもうつりやすい。かかとが下《さ》がっているので、ボールが後《うし》ろに抜《ぬ》ける心配《しんぱい》もない

足《あし》のつま先《さき》の方《ほう》の裏《うら》でとめている

足《あし》の裏《うら》を使《つか》うと、ボールを「引《ひ》く」コントロールができるので、キープ力《りょく》が高《たか》まる

ールを正確《せいかく》にとめよう

足《あし》の裏《うら》で真上《まうえ》から「ベタッ」と踏《ふ》んでとめている。これではボールコントロールがしにくく、次《つぎ》のプレーにもうつりにくい。このとめ方《かた》では、ボールが後《うし》ろに抜《ぬ》ける危険性《きけんせい》がある

「ボールを蹴《け》る」ことと同《おな》じように、「ボールをとめる」ことは、サッカーの基本《きほん》テクニックだ。正確《せいかく》にボールをコントロールするためにも、まずはしっかりボールをとめることを心《こころ》がけてほしい。

また、インサイドやアウトサイドだけでなく、足《あし》の裏《うら》を使《つか》ったボールコントロールをおぼえておくと、とめたあとの動《うご》きにすばやく対応《たいおう》できる。

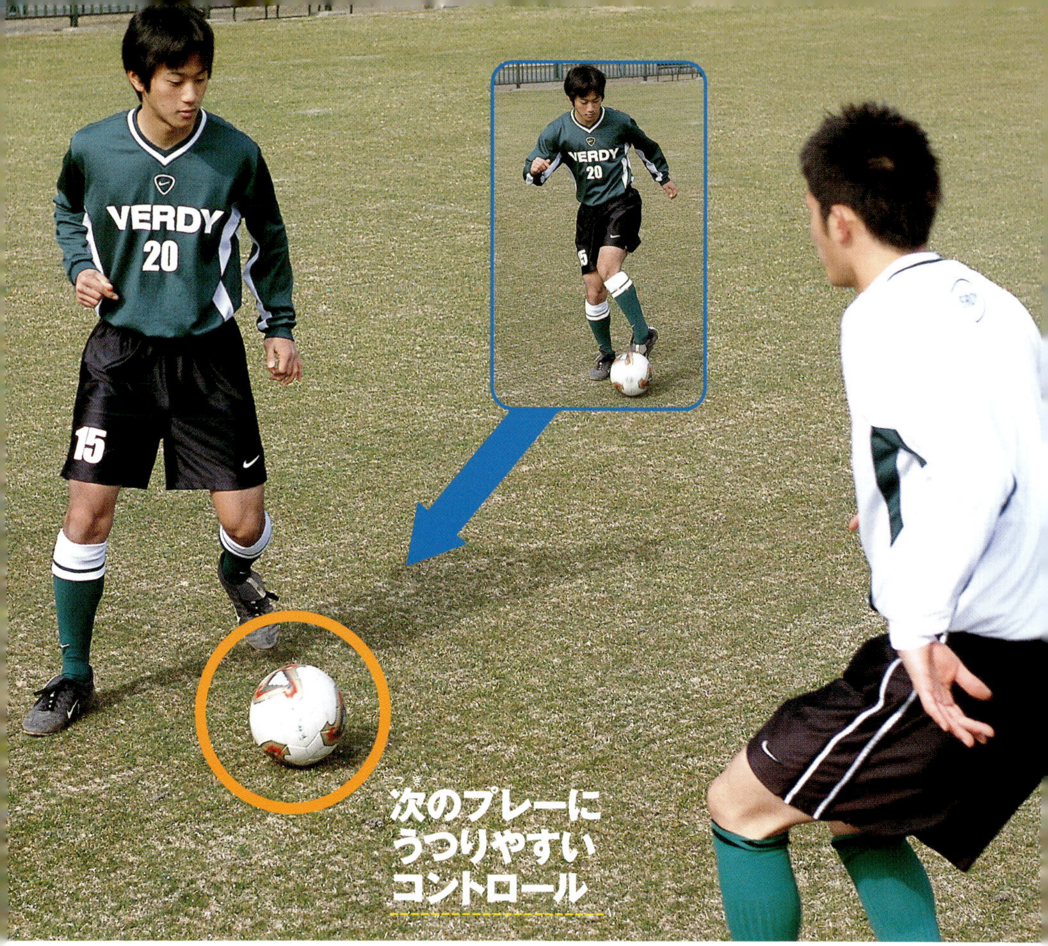
次《つぎ》のプレーに
うつりやすい
コントロール

ボールコントロールの基本《きほん》　コントロールの範囲《はんい》

大《おお》きくてもツーステップぐらいの範囲《はんい》でコントロールする

次《つぎ》のプレーにうつれないコントロール

ボールがはなれてしまうと、相手《あいて》にとられてしまう。そこで無理《むり》に処理《しょり》しようとして相手《あいて》と接触《せっしょく》すると、ケガの原因《げんいん》にもなる

ファーストタッチでカラダに力《ちから》が入《はい》ると、ボールが大《おお》きくバウンドしてしまうことも。リラックスしてコントロールすることを心《こころ》がけよう

相手《あいて》はつねにボールカットをねらっている。ボールコントロールが悪《わる》いと、すぐにとられてしまうと考《かんが》えたほうがいい。だからコントロールする「範囲《はんい》」にも気《き》をくばらなければならない。

たとえばファーストタッチで、どこにボールをおくかは状況《じょうきょう》によって違《ちが》ってくるが、ボールをカラダからはなしすぎるのは危険《きけん》だ。ワンステップ、ツーステップぐらいでとどく範囲《はんい》が、「次《つぎ》にプレーしやすいコントロールの範囲《はんい》」になる。

次《つぎ》のプレーをイメージし、相手《あいて》にとられないところ、チームが有利《ゆうり》になるところにコントロールする

ボールコントロールの基本《きほん》　次《つぎ》のプレーをイメージ

シュート？ パス？ ドリブル？ ボールをもらうときには 次《つぎ》のプレーを考《かんが》えておく

ボールをもらうときは、次《つぎ》にどんなプレーをするのかを考《かんが》えておこう。

次《つぎ》のプレーといっても、難《むずか》しく考《かんが》える必要《ひつよう》はない。大《おお》きくわければ、シュートかパスかドリブルだ。次《つぎ》のプレーのイメージがあれば、どこにボールをコントロールすればいいのか自然《しぜん》と決《き》まってくる。とめてから考《かんが》えていては遅《おそ》い。ボールをもったまま迷《まよ》っていると、相手《あいて》につめられてしまう。

アドバイス

ボールコントロールをあやまると、相手《あいて》にボールがわたってしまい、ピンチをまねくことにもなりかねない。チームへの責任感《せきにんかん》をもって、大切《たいせつ》にコントロールしよう

味方《みかた》と相手《あいて》の位置《いち》を確認《かくにん》。次《つぎ》のプレーを考《かんが》える

次《つぎ》のプレーに迷《まよ》っていると、相手《あいて》につめよられてしまう

1

ボールをよく見《み》て、
すばやく落下点《らっかてん》に入《はい》る

2

コントロールできる
スピードで走《はし》る

ボールコントロールの基本《きほん》　走《はし》りながら浮《う》いたボールを受《う》ける

ボールを正確《せいかく》にコントロールできるスピードで走《はし》る

3
4
正確《せいかく》にボールをコントロールして、次《つぎ》のプレーにうつる
ファーストタッチに気《き》をつかい、やわらかくとめる
アドバイス

とめるだけで精一杯《せいいっぱい》にならずに、次《つぎ》のプレーも意識《いしき》しよう

走《はし》りながら浮《う》いたボールをコントロールするのは難《むずか》しい。スピードアップしすぎてコントロールできなくなってしまっては意味《いみ》がない。

大事《だいじ》なのは、ボールをよく見《み》ながらすばやく落下点《らっかてん》に入《はい》り、とめるときにはボールをしっかりコントロールできるスピードで走《はし》ることだ。

また、ファーストタッチにも気《き》をつかおう。ただとめるだけで精一杯《せいいっぱい》にならずに、次《つぎ》のプレーをイメージしておくことも忘《わす》れてはいけない。

相手《あいて》にカラダをいれさせないようブロック

ボールコントロールの基本《きほん》　相手《あいて》のプレスがきつくない場合《ばあい》

相手《あいて》にカラダをいれさせずに遠《とお》いほうの足《あし》でコントロールする

ボールは相手《あいて》から遠《とお》い側《がわ》でコントロール

相手《あいて》にボールをとられるということは、チームがピンチになるということだ。ボールをもったときは、「自分《じぶん》のボールコントロールが試合《しあい》を左右《さゆう》するんだ」というくらいの気持《きも》ちでプレーしてほしい。

相手《あいて》がつめてきたら、ボールを相手《あいて》の遠《とお》い側《がわ》においてコントロールするのが基本《きほん》だ。相手《あいて》にカラダをいれさせないようブロックしながら、遠《とお》いほうの足《あし》でボールをコントロールすると、自《じ》分《ぶん》が有利《ゆうり》になる。

1

相手《あいて》にカラダをあずけ
ながら、半身《はんみ》の体勢《たいせい》で
ボールを待《ま》つ

ボールコントロールの基本《きほん》 相手《あいて》のプレスがきつい場合《ばあい》

相手《あいて》にカラダをあずけ 半身《はんみ》の体勢《たいせい》でキープ

2

相手《あいて》から遠《とお》いほうの足《あし》でボールをコントロール。自分《じぶん》のスペースを確保《かくほ》する

半身《はんみ》の体勢《たいせい》で、自分《じぶん》のスペースを確保《かくほ》する習慣《しゅうかん》をつけよう

相手《あいて》のプレスがきつい場合《ばあい》は、キープの仕方《しかた》も多少《たしょう》かわってくる。相手《あいて》がすぐそばにまでつめているので、ふつうにボールを受《う》けたらとられてしまいやすい。この場合《ばあい》は、半身《はんみ》の体勢《たいせい》で相《あい》手《て》をブロックしながらキープするようにしよう。

半身《はんみ》の体勢《たいせい》だと、相手《あいて》にカラダをあずけるようにして、自分《じぶん》のスペースを確保《かくほ》できる。もちろん相手《あいて》から遠《とお》いところでボールをコントロールする基本《きほん》は同《おな》じだ。

1

半身《はんみ》の体勢《たいせい》で、相手《あいて》にカラダをあずけるようにしてブロック

ボールをもらうとき、手《て》で相手《あいて》のいる位置《いち》をさぐるのもひとつの手《て》だ

ボールコントロールの基本《きほん》　相手《あいて》からはなれてコントロール

半身《はんみ》の体勢《たいせい》から相手《あいて》のカラダを利用《りよう》してはなれる

2

肩《かた》あたりを相手《あいて》にぶつけて（寄《よ》せて）、反動《はんどう》をつけるコツを身《み》につけよう

相手《あいて》にカラダをぶつけ（寄《よ》せて）、その反動《はんどう》を使《つか》い一気《いっき》にはなれる

相手《あいて》のプレスがきついときは、半身《はんみ》の体勢《たいせい》で相手《あいて》にカラダをあずけるようにしてボールを待《ま》つといい。ボールが来《き》たときに、自分《じぶん》の肩《かた》あたりを相手《あいて》のカラダにぶつけ（寄《よ》せて）、その反動《はんどう》を使《つか》い、一気《いっき》に相手《あいて》を引《ひ》きはなす。

相手《あいて》がはなれたところでボールをコントロールすれば、より安全《あんぜん》にボールをキープすることができる。

このプレーは試合 中《しあいちゅう》によく使《つか》うので、繰《く》り返《かえ》し練習《れんしゅう》し一連《いちれん》の動《うご》きを身《み》につけよう。

1
あいたスペースを確認《かくにん》
2
ワンタッチでやや長《なが》め
にボールを出《だ》す

ボールコントロールの基本《きほん》　あいたスペースへボールをはこぶ

ワンタッチでボールを出《だ》し すばやくスペースへ走《はし》りこむ

　ボールコントロールするときには、つねに周《まわ》りの状況《じょうきょう》を見《み》ておく必要《ひつよう》がある。あいたスペースがあれば、そこにワンタッチでボールをはこぶのもいいアイデアだ。

　ここで注意《ちゅうい》しなければならないのは、プレーのスピードアップだ。遅《おそ》いと相手《あいて》に読《よ》まれてしまい、ボールをとられてしまう。そこで、ファーストタッチでやや長《なが》めのボールを出《だ》し、その瞬間《しゅんかん》にスピードにのって走《はし》りだすとうまくいく。

3

正確《せいかく》な距離感《きょりかん》でボールをコントロール

プレーが遅《おそ》いと相手《あいて》に読《よ》まれてしまう。スピードアップを心《こころ》がけよう

4

ボールといっしょにスペースに走《はし》りこむ

ボールの落下《らっか》
点《てん》を見極《みきわ》める
1
2
バランスのい
い体勢《たいせい》で受《う》け
とめる

ボールコントロールの基本《きほん》　浮《う》いたボールのコントロール

落《お》とす場所《ばしょ》をイメージしてから、胸《むね》でコントロールする

浮《う》いたボールを胸《むね》でコントロールする場合《ばあい》、ただ胸《むね》にあて地面《じめん》に落《お》とせばいいというわけではない。この場合《ばあい》も、やはり次《つぎ》のプレーをイメージしてどこに落《お》とすかを考《かんが》えておこう。

足下《あしもと》に落《お》とすときは、胸《むね》の左右《さゆう》にある筋肉《きんにく》（大胸筋《だいきょうきん》）にあてるとコントロールしやすい。やわらかい筋肉《きんにく》がボールの勢《いきお》いを吸収《きゅうしゅう》してくれる。

基本《きほん》は、相手《あいて》の遠《とお》い側《がわ》にボールを落《お》とすことだ。ボールを落《お》としたあとも、次《つぎ》のプレーにうつるために地面《じめん》に大《おお》きくバウンドさせないよう、上手《じょうず》に足《あし》でコントロールしよう。

自分《じぶん》が落《お》としたいと
思《おも》う場所《ばしょ》に、正確《せいかく》に
コントロールする

次《つぎ》のプレーをイメージし、どこに落《お》とすかを決《き》めておく

次《つぎ》のプレーにすぐうつるためにも、ボールを地《じ》面《めん》に大《おお》きくバウンドさせないように注意《ちゅうい》しよう

ボールをコントロールするときは相手《あいて》の逆《ぎゃく》をとることを考《かんが》える

サッカーは相手《あいて》との読《よ》みあいのスポーツだ。ボールをコントロールするときも、つねに相手《あいて》の逆《ぎゃく》をとる動《うご》きが必《ひつ》要《よう》になる。

右《みぎ》の写真《しゃしん》は、相手《あいて》を背負《せお》いながらボールをもらう場面《ばめん》だが、走《はし》ってきた方《ほう》向《こう》とは逆《ぎゃく》に、ワンタッチでボールをコントロールしている。

もし、ファーストタッチで足下《あしもと》にボールをとめてしまうと、相手《あいて》のプレスが強《つよ》くなり、そのあとのボールキープが難《むずか》しくなってしまう。

フェイントひとつで、相手《あいて》のプレスを弱《よわ》めたり、相手《あいて》を振《ふ》りきったりできる。

4 切《き》り返《かえ》す動作《どうさ》をはやくする

1

ボールをもらうときは、次《つぎ》のプレーをイメージ

2

アウトサイドで相手《あいて》の逆《ぎゃく》をとる

3

アドバイス

ボールをあてる場《ば》所《しょ》やボールを出《だ》す方向《ほうこう》、カラダの向《む》き、カラダの傾《かたむ》き、声《こえ》、目《め》つき……。

あらゆるものがフェイントになる

ストライカー・司令塔の条件
リフティング
キック
ボールコントロール
ドリブル&フェイント
ディフェンス&ゴールキーパー

わくわくメッセージ4

「赤《あか》」はストップ、「黄《き》」はトライ、「青《あお》」はゴー。状況《じょうきょう》を判断《はんだん》しながらプレーしよう

青《あお》
GO!
黄《き》
TRY!
赤《あか》
STOP!
相手《あいて》
相手《あいて》
相手《あいて》
パスを出《だ》す人《ひと》

相手《あいて》の意表《いひょう》をつくスルーパスを通《とお》したり、ドリブルで突破《とっぱ》するのは、カッコイイ。積極的《せっきょくてき》なプレーをするのは大事《だいじ》なことだ。しかし、あきらかに無理《むり》な状況《じょうきょう》で、パスを通《とお》そうとしたり、ドリブルで抜《ぬ》こうとしたりするのは考《かんが》えものだ。

周《まわ》りの状況《じょうきょう》を見《み》ずにボールを蹴《け》っていると、すぐにボールは相手《あいて》にわたってしまいピンチを迎《むか》えることになる。これでは、相手《あいて》を追《お》いかけて走《はし》るだけの単調《たんちょう》なサッカーになってしまい、プレーしていてつまらなくなる。

難《むずか》しい状況《じょうきょう》であれば、「やめる」判断《はんだん》も大事《だいじ》だ。

自分《じぶん》のなかに、信号《しんごう》の「赤《あか》」「黄《き》」「青《あお》」の基準《きじゅん》をもとう。「赤《あか》」はストップ、「黄《き》」はトライ、「青《あお》」はゴーのサインだ。特《とく》にストップとトライの区別《くべつ》をはっきりさせておいたほうがいい。

サッカーをおもしろくするには、相《あい》手《て》にボールをわたさないことだ。そのために、確《たし》かな状況判断《じょうきょうはんだん》とボールコントロールを心《こころ》がけよう。

第《だい》5章《しょう》

ドリブル&フェイント

ドリブルで突破《とっぱ》しよう

「ドリブル突破《とっぱ》！」
それは、サッカーの試合《しあい》を見《み》ていて、胸《むね》おどる瞬間《しゅんかん》。
見《み》て楽《たの》しいなら、やってみればもっと楽《たの》しい。
ドリブルの基本《きほん》とフェイントをマスターして、練習《れんしゅう》や試合《しあい》でどんどん使《つか》おう。
カラダの向《む》き、傾《かたむ》き、ステップ、目線《めせん》・・・・・・
いろいろなことがフェイントになるから、自分《じぶん》なりに工夫《くふう》してみよう。

顔《かお》をあげながらドリブルしよう。下《した》を向《む》くと視野《しや》がせまくなる

両足《りょうあし》が使《つか》えると、プレーの幅《はば》がひろがる

ボールをカラダの中心《ちゅうしん》に置《お》くと、次《つぎ》のプレーにうつりやすい

足《あし》の甲《こう》(つま先《さき》)

トップスピードでドリブルするときに有《ゆう》効《こう》だ

細《こま》かいボールタッチとステップワークで、リズムに変化《へんか》をつけよう

ドリブルの基本《きほん》
ボールはカラダの中心《ちゅうしん》

ボールをカラダの中心《ちゅうしん》からはずさず リズムに変化《へんか》をつけて ドリブルする

目線《めせん》やカラダの傾《かたむ》きも
フェイントになる
胸《むね》をはろう。ねこ背《ぜ》にな
ると視線《しせん》が下《さ》がってくる
足《あし》のいろいろな場《ば》
所《しょ》を使《つか》い、やわら
かいボールタッチ
で相手《あいて》をかわそう

インサイド

インサイドでのタッチは、コントロール性《せい》が高《たか》く方向転換《ほうこうてんかん》に適《てき》している

アウトサイド

アウトサイドでのタッチは、フェイントやキックにうつりやすい

ドリブルするとき、ボールがカラダからはなれてしまうと、コントロールが難《むずか》しい。ボールはカラダの中《ちゅう》心《しん》からはずれないようにしよう。ボールがカラダの中心《ちゅうしん》にあると、前後《ぜんご》左右《さゆう》いろいろ方向《ほうこう》を変《か》えやすくなる。

また、足《あし》の甲《こう》、インサイド、アウトサイドとボールをあてる場所《ばしょ》を変《か》えたり、ボールを持《も》ちかえたりするのもいい。そうすることで、相手《あいて》はボールをとりにいくタイミングがつかみづらくなる。

ドリブルの基本《きほん》 **姿勢《しせい》**

胸《むね》をはり
顔《かお》をあげて
周《まわ》りをしっかり見《み》よう

○

顔《かお》をあげると周《まわ》りが見《み》えて、状況《じょうきょう》判断《はんだん》がはやくできる

顔《かお》をあげるとプレーの幅《はば》がひろがるので、相手《あいて》も飛《と》びこみ（ボールを取《と》りにいく）づらくなる

下《した》を向《む》くとボールしか見《み》えなくなり、状況判断《じょうきょうはんだん》が遅《おそ》くなる

ドリブルするときは、しっかり周《まわ》りが見《み》えていないといけない。周《まわ》りを見《み》るためにも、背筋《せすじ》をピンとはり、顔《かお》をあげた姿勢《しせい》をとることが重要《じゅうよう》だ。ねこ背《ぜ》になってしまうと、頭《あたま》が下《さ》がりボールだけしか見《み》えなくなり、状況判断《じょうきょうはんだん》ができない。顔《かお》をあげていると、相手《あいて》も次《つぎ》のプレーが読《よ》みにくく、なかなか飛《と》びこめないものだ。

周《まわ》りの状況《じょうきょう》がわかったら、次《つぎ》に何《なに》をするかをはっきりさせよう。キープするのか、突破《とっぱ》するのか……。

迷《まよ》ったままドリブルしていると、相手《あいて》にボールをとられてしまう可能性《かのうせい》が高《たか》いので気《き》をつけよう。

右足《みぎあし》

右足《みぎあし》を使《つか》って
ドリブル

ドリブルの基本《きほん》　左右《さゆう》の足《あし》を使《つか》う

左右《さゆう》の足《あし》を上手《じょうず》に使《つか》い
プレーの幅《はば》をひろげる

左足《ひだりあし》

左《ひだり》足《あし》を使《つか》ってドリブル

左右《さゆう》の足《あし》を使《つか》い、相手《あいて》を混乱《こんらん》させよう。リズムを変《か》えたり、方向転《ほうこうてん》換《かん》したり自分《じぶん》なりに工《く》夫《ふう》してみよう

いつも同《おな》じ足《あし》ばかりを使《つか》ってドリブルしていると、プレーの幅《はば》がせまくなる。両足《りょうあし》が使《つか》えれば、ドリブルのリズムに変化《へんか》をつけられるし、方向《ほうこう》も変《か》えやすくなる。

たとえば、右足《みぎあし》のアウトサイドで右《みぎ》方向《ほうこう》に抜《ぬ》くと見《み》せかけて、左《ひだり》足《あし》のアウトサイドでボールをはこべば、それだけでフェイントになり、相手《あいて》を混乱《こんらん》させられる。左右《さゆう》の足《あし》を使《つか》っていろいろなことができるよう、何度《なんど》も繰《く》り返《かえ》し練習《れんしゅう》しよう。

急《きゅう》に走《はし》ったり急《きゅう》にとまったりして、スピードに変化《へんか》をつけよう。

ドリブルの基本《きほん》　スピードアップ・スピードダウン

スピードに変化《へんか》をつけて相手《あいて》をかわす

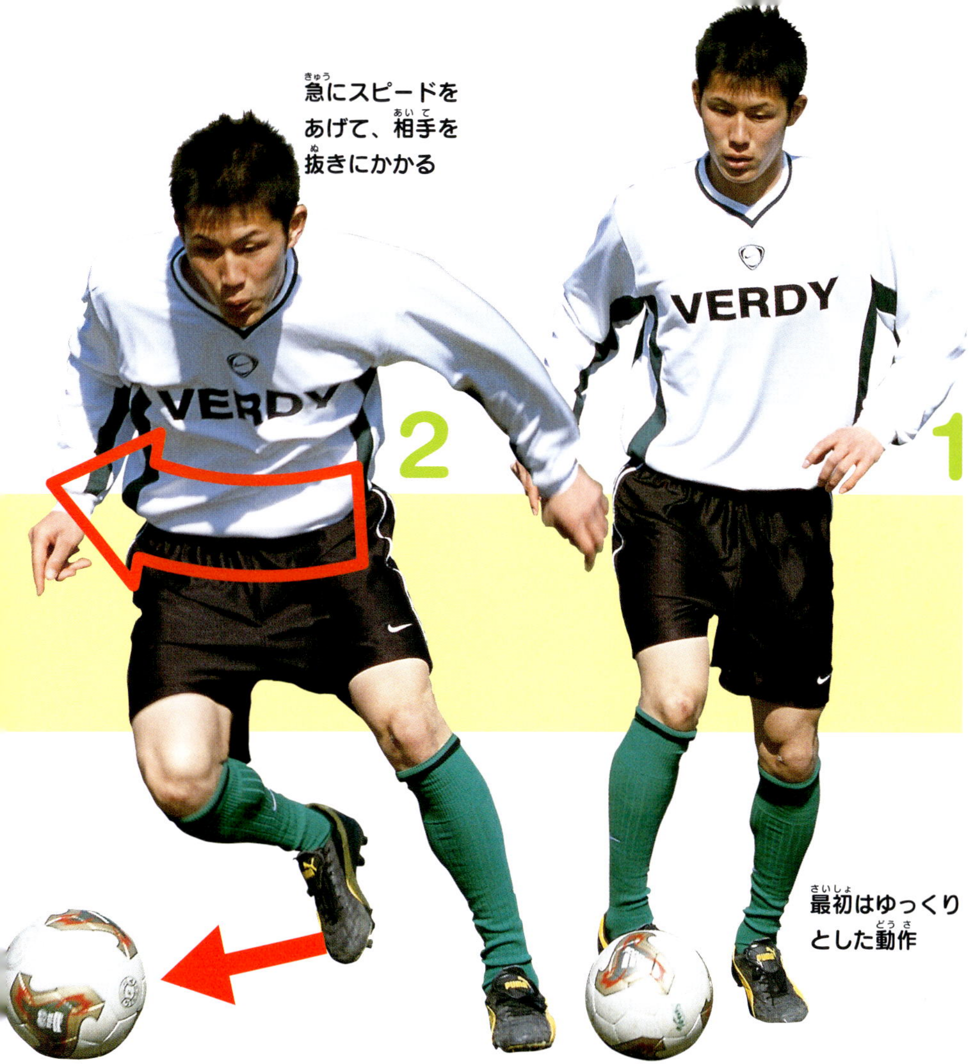

急《きゅう》にスピードをあげて、相手《あいて》を抜《ぬ》きにかかる

最初《さいしょ》はゆっくりとした動作《どうさ》

スピードのあるドリブルは、それだけで武器《ぶき》になるが、いつも同《おな》じスピードだと相手《あいて》に読《よ》まれやすくなる。足《あし》がものすごくはやいわけではないのに、ドリブルで次々《つぎつぎ》と抜《ぬ》いてしまうプレーヤーがいる。そういうプレーヤーは、スピードをはやくしたり、おそくしたりして工夫《くふう》しているのがわかる。

たとえば、全力《ぜんりょく》で走《はし》っていて急《きゅう》にとまると、マークしていた相手《あいて》もとまどってしまう。スピードのアップダウン、いわゆるスピード変化《へんか》を意識《いしき》しよう。

タッチ数《すう》を少《すく》なくしてスピーディーにターンしよう

両方《りょうほう》の足《あし》が使《つか》えて、足《あし》のいろいろな場所《ばしょ》でコントロールできるようになれば、ターンもしやすくなる。

「アウトサイドでのコントロールが苦手《にがて》」という人《ひと》もいるかもしれないが、プレーの幅《はば》をひろげるためにも、ぜひ自分《じぶん》のものにしてほしい。

ターンするときは、ボールタッチの数《かず》は少《すく》ないほうがいい。方向転換《ほうこうてんかん》するのに何度《なんど》もボールにさわって時間《じかん》をかけていたら、相手《あいて》にボールをうばわれやすくなってしまう。

ボールのタッチ数《すう》を少《すく》なくし、ターンにメリハリをつけ、スピーディーに方向《ほうこう》を変《か》えよう。

左足《ひだりあし》のアウトサイドでボールをコントロール

3

右回《みぎまわ》り、左回《ひだりまわ》り、どちらのターンも得意《とくい》になろう

左足《ひだりあし》のアウトサイドによるターン

軸足《じくあし》(右足《みぎあし》)に重心《じゅうしん》をかけ、ターンをはじめる

180度《ど》反転《はんてん》してもなお、左《ひだり》足《あし》でキープ

相手《あいて》からはなれる

キープしたり、方向《ほうこう》を変《か》えたり、足《あし》の裏《うら》を使《つか》っていろいろなプレーを試《ため》してみよう

足《あし》の裏《うら》でしっかり
ボールをキープ

ドリブルの基本《きほん》　足《あし》の裏《うら》を使《つか》う

スペースがない場合《ばあい》は、足《あし》の裏《うら》でボールを引《ひ》きよせキープする

2
ボールを後《うし》ろに引《ひ》きよせる

3
相手《あいて》にとられないようにすばやくターン

ドリブルしていると、スペースのない状況《じょうきょう》がひんぱんにある。そのような状況《じょうきょう》でボールをキープするのは、簡単《かんたん》ではない。このとき足《あし》の裏《うら》を使《つか》えば、ボールを自分《じぶん》のカラダに引《ひ》きよせることができキープもしやすい。

また足《あし》の裏《うら》は、急《きゅう》にボールをとめたり、方向《ほうこう》を変《か》えるときにも使《つか》える。足《あし》の裏《うら》は、手《て》のひらと同《おな》じように敏感《びんかん》な場所《ばしょ》。子《こ》どものころから使《つか》っていれば、いろいろなプレーが自由《じゆう》にできるようになる。

リアリティのあるキックフェイントを見《み》せる

実戦《じっせん》で使《つか》えるフェイント❶ キックモーション

ボールを蹴《け》るフリをして相手《あいて》の逆《ぎゃく》をとり突破《とっぱ》する

蹴《け》るフリをして、相手《あいて》の逆《ぎゃく》をとり突《とっ》破《ぱ》するフェイント。ここで大事《だいじ》なのは、最初《さいしょ》のキックモーションと、そのあとサイドへと抜《ぬ》けるスピードだ。相手《あいて》をひっかけるためにも、リアリティのある動作《どうさ》を心《こころ》がけ、相手《あいて》がキックを防《ふせ》ぎにきたらすかさず逆《ぎゃく》をとり、一気《いっき》に抜《ぬ》きさろう。

このフェイントは、ゴール前《まえ》のシュートをうつ場面《ばめん》などで使《つか》うと有効《ゆうこう》だ。

2

相手《あいて》がボールをとりにきた瞬間《しゅんかん》、蹴《け》るフリをした足《あし》でボールを出《だ》す

3

相手《あいて》との間合《まあ》いが近《ちか》すぎると、ボールをカットされるので注《ちゅう》意《い》しよう

相手《あいて》の逆《ぎゃく》をとるために、リアリティのあるキックフェイントを見《み》せる

キックモーションで、相手《あいて》を引《ひ》きつける

実戦《じっせん》で使《つか》えるフェイント❷　インサイドで切《き》り返《かえ》し

蹴《け》ろうとした足《あし》の インサイドで切《き》り返《かえ》し すぐに逆《ぎゃく》の足《あし》に 持《も》ちかえてコントロール

蹴《け》るフリをしてインサイドでボールを左側《ひだりがわ》(右足《みぎあし》で蹴《け》ろうとした場合《ばあい》)にはこび、逆《ぎゃく》の足《あし》に持《も》ちかえてコントロールするフェイント。このフェイントのポイントは、「ボールの持《も》ちかえ」のはやさだ。

蹴《け》ろうとした足《あし》のインサイドで引《ひ》きつけたボールを、すばやく逆《ぎゃく》の足《あし》のアウトサイドでコントロールすると、一《いっ》気《き》に抜《ぬ》きさることができる。

ボールの持《も》ちかえから走《はし》りだすまでの動作《どうさ》をはやくする

右《みぎ》のインサイドで左側《ひだりがわ》にボールをはこぶ

ボールをすばやく左足《ひだりあし》のアウトサイドに持《も》ちかえコントロールする

1

キックモーションから切《き》り返《かえ》す

2

インサイドで軸足《じくあし》の後《うし》ろへボールを通《とお》す

実戦《じっせん》で使《つか》えるフェイント③　インサイドで切《き》り返《かえ》し

キレのあるキックモーションからインサイドで軸足《じくあし》の後《うし》ろへボールを通《とお》す

蹴《け》るフリをして相手《あいて》の逆《ぎゃく》をとり、軸《じく》足《あし》の後《うし》ろでボールを通《とお》し相手《あいて》をかわすフェイント。

このフェイントは、蹴《け》ろうとした足《あし》のインサイドで切《き》り返《かえ》すのだが、この切《き》り返《かえ》しにはキレがなくてはならない。

また、切《き》り返《かえ》したあと左足《ひだりあし》のアウトサイドに持《も》ちかえることで、相手《あいて》を引《ひ》きはなすことができる。

3

ボールを通《とお》したあとの動《うご》きもスピーディーに

リアリティのある、キレのよいフェイントで、軸足《じくあし》の後《うし》ろにボールを通《とお》す

4

左足《ひだりあし》のアウトサイドでボールを出《だ》し、相手《あいて》を引《ひ》きはなす

ボールを足《あし》の裏《うら》で後《うし》ろに引《ひ》きよせる

実戦《じっせん》で使《つか》えるフェイント④　足《あし》の裏《うら》とインサイドを使《つか》う

足《あし》の裏《うら》でボールを引《ひ》きよせ インサイドで 軸足《じくあし》の後《うし》ろに通《とお》す

足《あし》の裏《うら》でボールを引《ひ》きよせ、インサイドで軸足《じくあし》の後《うし》ろにボールを通《とお》して相《あい》手《て》をかわすフェイント。

このフェイントを成功《せいこう》させるためには、足《あし》の裏《うら》でボールを引《ひ》きよせてからインサイドで出《だ》すまでの動《うご》きを、メリハリよくやることだ。

引《ひ》きよせる動《うご》きと、出《だ》す動《うご》きで流《なが》れが変《か》わるので、相手《あいて》はボールの動《うご》きを読《よ》みづらくなる。一連《いちれん》のプレーの動《うご》きをとめずにできるようになれば、1対《たい》1の勝負《しょうぶ》にかなり自信《じしん》がつくはずだ。

足《あし》の裏《うら》から
インサイド
へのボールの切《き》りかえ
をすばやくする

3
引《ひ》きよせたあと、
インサイドで軸足《じくあし》
の後《うし》ろにボールを
通《とお》す

4
ボールを出《だ》したあとは、
すぐ次《つぎ》のプレーにうつる

実戦《じっせん》で使《つか》えるフェイント⑤ 外側《そとがわ》からまたぐ

リズムよくステップを踏《ふ》み、ボールをまたぎ相手《あいて》をかわす

蹴《け》ると見《み》せかけて、ボールをまたいで相手《あいて》の逆《ぎゃく》をとるフェイント。いわゆる「またぎフェイント」と呼《よ》ばれるプレーだ。このフェイントがうまく決《き》まると、相手《あいて》を混乱《こんらん》させることができる。

インサイドで蹴《け》る（もしくはドリブル）と見《み》せかけて、ボールの外側《そとがわ》からまたぐ。またいだあと、同《おな》じ足《あし》のアウトサイドで右《みぎ》にコントロールするので、相手《あいて》は逆《ぎゃく》をとられることになる。

リズムよくステップを踏《ふ》み、一気《いっき》に相手《あいて》をふりきろう。

アウトサイドで右《みぎ》にボールを出《だ》し、相手《あいて》をすばやくかわそう

またぐ動作はリズムよくスピーディーに

1 左方向にドリブルするように見せかけ、外側からボールをまたぐ

2

3 相手のカラダのバランスがくずれたら、すかさず右方向に抜きにかかる

ストライカー的必要の条件 | リフティング | ボールコントロール | ドリブル&フェイント | ディフェンス&ゴールキーパー

実戦《じっせん》で使《つか》えるフェイント⑥ 内側《うちがわ》からまたぐ

重心《じゅうしん》を下《さ》げ、カラダのバランスを崩《くず》さないようにしてボールをまたぐ

ボールを内側《うちがわ》からまたいで相手《あいて》を引《ひ》きよせ、逆《ぎゃく》の足《あし》のアウトサイドで出《だ》すフェイント。ボールを出《だ》すとき、重心《じゅうしん》を下《さ》げ、カラダのバランスを崩《くず》さないようにフェイントをかけよう。

フェイントをしかけているときは、相手《あいて》の位置《いち》や動《うご》きをよく見《み》よう。数回《すうかい》練習《れんしゅう》して相手《あいて》との間合《まあ》いをつかむことが大切《たいせつ》だ。

「またぎフェイント」は、場面《ばめん》に応《おう》じていろいろなパターンがあるので、自分《じぶん》なりのやり方《かた》を考《かんが》えて練習《れんしゅう》しよう。

シュートをうちたい場面《ばめん》などで、相手《あいて》をだましたり、ほんろうさせたりするイメージをもっておこう

相手《あいて》をかわしたらすばやく突破《とっぱ》をはかる

1 相手《あいて》との間合《まあ》いを確認《かくにん》する

2 左足《ひだりあし》でボールの内側《うちがわ》からまたぐことで、左《ひだり》にいくと見《み》せかける

相手《あいて》のカラダが傾《かたむ》いたら、すかさず右方向《みぎほうこう》へ突破《とっぱ》にかかる 3

1 相手《あいて》の動《うご》きを
よく見《み》る
左足《ひだりあし》の裏《うら》でボール
を右側《みぎがわ》に引《ひ》く 2

実戦《じっせん》で使《つか》えるフェイント⑦ 足《あし》の裏《うら》でボールを横《よこ》に転《ころ》がす

足《あし》の裏《うら》でボールを横《よこ》にすばやく引《ひ》いて相手《あいて》をかわす

ボールを転《ころ》がすとき、若干《じゃっかん》手《て》前《まえ》に、引《ひ》くような感《かん》じでもよい

ボールを引《ひ》いたあと、すぐに逆《ぎゃく》の足《あし》にボールを持《も》ちかえ右側《みぎがわ》に突破《とっぱ》する

足《あし》の裏《うら》でボールを横《よこ》に引《ひ》き、逆《ぎゃく》の足《あし》に持《も》ちかえ相手《あいて》をかわすフェイント。このフェイントは、相手《あいて》がボールをとりにきたときに有効《ゆうこう》だ。

ポイントは、ボールをすばやく横《よこ》に引《ひ》くことだ。こうしないと、相手《あいて》につめられ、ボールをとられる可能性《かのうせい》が高《たか》くなる。

足《あし》の裏《うら》での正確《せいかく》なボールコントロールと、そこから突破《とっぱ》するまでのタイミングをテンポよく行《おこな》うことが大事《だいじ》になる。

1

向《む》かってくる相手《あいて》
との距離《きょり》をはかる

はじめはディフェンスをつけずに、ゆっくりした動《うご》きで練習《れんしゅう》しよう。なれてきたら、ボールを持《も》ちかえるスピードをアップしよう

実戦《じっせん》で使《つか》えるフェイント⑧　相手《あいて》に背《せ》を向《む》けてボールコントロール

相手《あいて》に背《せ》を向《む》けながら、左右《さゆう》の足《あし》の裏《うら》でボールをコントロールする

　相手《あいて》よりはやくカラダをいれ、ボールをキープしたいときに使《つか》うフェイント。足《あし》の裏《うら》でボールをとめたあと、すばやく反対《はんたい》の足《あし》の裏《うら》に持《も》ちかえ、ボールをコントロールする。このとき、相《あい》手《て》に背《せ》を向《む》け、ボールにふれさせないようにするのがポイントだ。

　足《あし》の裏《うら》を使《つか》った難《むずか》しいプレーなので、最初《さいしょ》はゆっくりとした動《うご》きからはじめ、繰《く》り返《かえ》し練習《れんしゅう》してみよう。

2 右足《みぎあし》から左足《ひだりあし》へ持《も》ちかえる動作《どうさ》をはじめる

3 反転《はんてん》して左足《ひだりあし》の裏《うら》に持《も》ちかえる

4 左足《ひだりあし》の裏《うら》でボールを引《ひ》く

5 すばやくターンし、相手《あいて》からはなれる

わくわくメッセージ5

たくさんトレーニングをして、試合《しあい》で思《おも》いきりアピールする。そこから「負《ま》けず嫌《ぎら》い」が生《う》まれる

テレビで見《み》ているとわかりにくいが、プロのサッカーの試合《しあい》では、プレーヤー同士《どうし》がおどろくほど大《おお》きな声《こえ》で言葉《ことば》をかけあっている。「自分《じぶん》はこうしたい、だからこうしてほしい」ということを味方《みかた》に伝《つた》えなければ、いいプレーができないからだ。

大声《おおごえ》を出《だ》すことは、自分《じぶん》をアピールすることにもつながる。目立《めだ》とうという意識《いしき》は、サッカーにおいてとても大切《たいせつ》だ。試合中《しあいちゅう》は声《こえ》を出《だ》してプレーし、勝《か》てば飛《と》びあがって喜《よろこ》ぼう。負《ま》けたときは泣《な》いたっていい。

たくさんトレーニングしていれば、負《ま》けたときに自然《しぜん》と悔《くや》しさがこみあげてくる。トレーニングをしていなければ、負《ま》けても悔《くや》しい気持《きも》ちがわいてこない。

たくさんトレーニングをして、試合《しあい》で思《おも》いきり自分《じぶん》をアピールする。そこから、「ここまでやったんだから、ぜったい負《ま》けたくない」という気持《きも》ちが生《う》まれる。

いつも「負《ま》けず嫌《ぎら》い」の気持《きも》ちでいれば、どんどんサッカーがうまくなる。

第《だい》6章《しょう》

ディフェンス＆ゴールキーパー

積極的《せっきょくてき》に
ボールをとりにいこう

相手《あいて》に抜《ぬ》かれないために、相手《あいて》からボールをうばいとるために、
ゴールを守《まも》り抜《ぬ》くために、何《なに》をすればいいのか。
ディフェンスとゴールキーパーの
確《たし》かなテクニックをカラダにたたきこんでほしい。

ディフェンスの基本《きほん》
反応《はんのう》しやすい姿勢《しせい》を

「ぜったい後《うし》ろへは抜《ぬ》かれない」という気持《きも》ちをもつ

相手《あいて》の動《うご》きに反応《はんのう》しやすい姿勢《しせい》
相手《あいて》とボールの両方《りょうほう》に視線《しせん》を送《おく》る
半身《はんみ》の姿勢《しせい》で相手《あいて》の動《うご》きを見《み》る
少《すこ》し腰《こし》を落《お》とす
アドバイス
相手《あいて》のプレーにすばやく反応《はんのう》できる姿勢《しせい》をとる
親指《おやゆび》のつけ根《ね》あたりに体重《たいじゅう》をのせる

×
相手《あいて》の動《うご》きに反応《はんのう》しにくい姿勢《しせい》
相手《あいて》の正面《しょうめん》を向《む》く
腰《こし》を落《お》としすぎる
「ベタ足《あし》」になり、かかとに体重《たいじゅう》がかかる
相手《あいて》に対《たい》して両足《りょうあし》をそろえてしまう

ディフェンスにとってなにより大《だい》事《じ》なのは、「相手《あいて》にぜったい抜《ぬ》かれない」という強《つよ》い気持《きも》ちをもつことだ。

相手《あいて》に抜《ぬ》かれないためには、相手《あいて》がどんな動《うご》きをしても、すばやく反《はん》応《のう》できる姿勢《しせい》でいなければならない。

少《すこ》し腰《こし》を落《お》とし、すぐに次《つぎ》のプレーにいける姿勢《しせい》がのぞましい。ただ体格《たいかく》や筋肉《きんにく》のつきかたなどは、人《ひと》によって違《ちが》うので、「この姿勢《しせい》が正《ただ》しい」とはいいきれない。一人《ひとり》ひとりが自《じ》分《ぶん》にあった姿勢《しせい》を見《み》つけてほしい。

ディフェンスの基本《きほん》　カラダをいれる

「足先《あしさき》」ではなく「カラダ」でボールをとりにいくイメージをもとう

カラダをいれてボールをとりにいっているので、次《つぎ》のプレーへの反応《はんのう》がはやく、ボールをうばいやすくなる

足先《あしさき》でボールをとりにいくと、次《つぎ》のプレーへの反応《はんのう》がおそくなり、相手《あいて》にかわされてしまう

「足先《あしさき》」でボールをとりにいくと、体重《たいじゅう》が後《うし》ろに残《のこ》ってしまう。そうなると次《つぎ》のプレーに反応《はんのう》できない。

ボールをとりにいくときは、きちんと「カラダ」をいれることを心《こころ》がけよう。こうすることで、次《つぎ》のプレーにもすばやく反応《はんのう》できる。

どんどんボールをとりにいく気持《きも》ちを忘《わす》れずに、実戦《じっせん》のなかで学習《がくしゅう》してほしい。

相手《あいて》とボール、両方《りょうほう》の動《うご》きに視線《しせん》を送《おく》り相手《あいて》のプレーに対応《たいおう》する

相手《あいて》と向《む》きあっているとき

相手《あいて》とボールの両方《りょうほう》を見ながら、次《つぎ》のプレーにうつりやすい姿勢《しせい》をつくる
アドバイス
VERDY
7
半身《はんみ》の姿勢《しせい》で次《つぎ》のプレーにそなえる

ボールの動《うご》きだけを見《み》ていると、相《あい》手《て》の動《うご》きがわからなくなる。相手《あいて》の動《うご》きだけを見《み》ていても、ボールの動《うご》きがわからなくなる。相手《あいて》の次《つぎ》のプレーを読《よ》み、すばやく反応《はんのう》するためには、ボールと相手《あいて》、両方《りょうほう》の動《うご》きに視線《しせん》を送《おく》らなければならない。

相手《あいて》が背中《せなか》を向《む》けてボールを持《も》っている場合《ばあい》も、相手《あいて》とボールの両方《りょうほう》に視《し》線《せん》を送《おく》る必要《ひつよう》がある。このとき、上体《じょうたい》が浮《う》いてしまうと、すばやい反応《はんのう》ができない。視線《しせん》を下《さ》げ、上体《じょうたい》を低《ひく》くたもつことで、次《つぎ》のプレーにも対応《たいおう》しやすくなる。

相手《あいて》の背中越《せなかご》しにいるとき

上体《じょうたい》を低《ひく》くし、相《あい》手《て》に振《ふ》り向《む》かれないようにする
アドバイス
視線《しせん》を下《さ》げて次《つぎ》のプレーに対応《たいおう》できる姿《し》勢《せい》をとろう

状況《じょうきょう》に応《おう》じたプレーをしよう

考《かんが》えていたプレーが
間《ま》にあわない場合《ばあい》は、
次《つぎ》のプレーを選択《せんたく》しよう

インターセプト
相手《あいて》のプレーを
おくらせる

ディフェンスの基本《きほん》　プレーの選択《せんたく》

相手《あいて》との距離感《きょりかん》をつかみ 状況《じょうきょう》に応《おう》じたプレーを選《えら》ぶ

カラダをいれる
スライディングを
しかける
相手《あいて》を振《ふ》り向《む》かせない
ようにする

ディフェンダーには状況《じょうきょう》に応《おう》じたプレーが求《もと》められる。考《かんが》えていたプレーが間《ま》にあわない場合《ばあい》は、写真《しゃしん》のように、その次《つぎ》のプレーを選《えら》んでほしい。

ボールや相手《あいて》との距離感《きょりかん》をはかってから、何《なに》をすべきかを判断《はんだん》しよう。

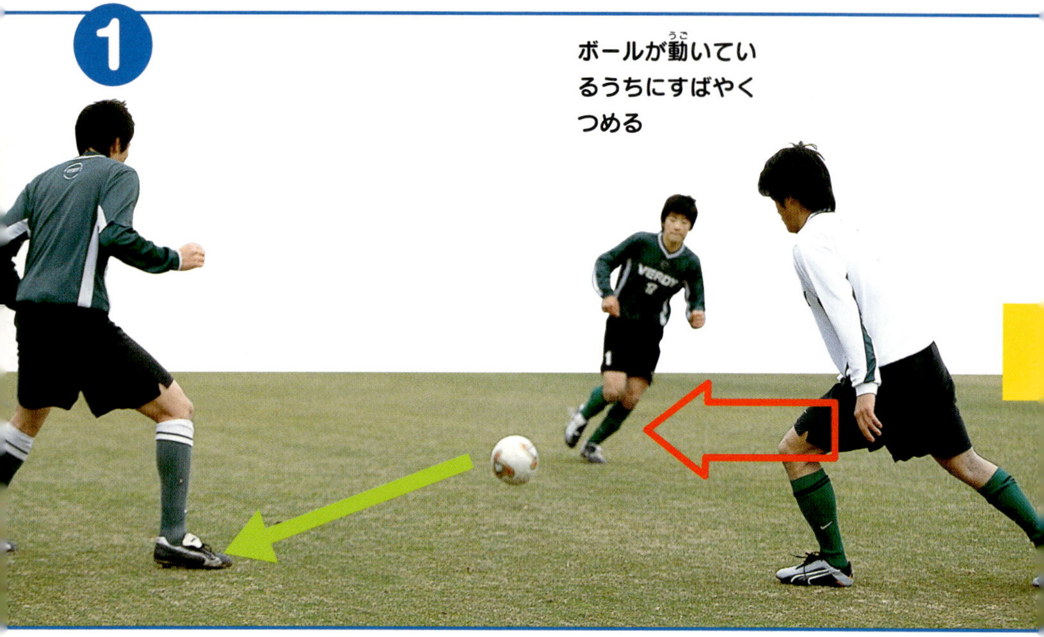
1
ボールが動《うご》いているうちにすばやくつめる

ディフェンスの基本《きほん》　相手《あいて》の視野《しや》をせまくする

しつこくつめて 相手《あいて》の視野《しや》をせまくする

相手《あいて》に自由《じゆう》なプレーをさせてはいけない。そのためには、ボールが完全《かんぜん》に相手《あいて》のものになる前《まえ》に、しつこくつめておくことが必要《ひつよう》だ。

しつこくつめることで、相手《あいて》の視線《しせん》は下《さ》がってくる。ヘッドダウン（頭《あたま》が下《さ》がる）すれば、視野《しや》は自然《しぜん》とせまくなり、次《つぎ》のプレーのことを考《かんが》える余裕《よゆう》もなくなる。

自分《じぶん》がボールをもったときを想像《そうぞう》してみよう。しつこくつめられるのは、とてもイヤなプレーなはずだ。

2

相手《あいて》に次《つぎ》のプレーを考《かんが》える余裕《よゆう》をあたえないために、しつこくつめるようにしよう

3

しつこくつめることで、相手《あいて》に下《した》を向《む》かせ視野《しや》をせまくさせる

1
相手《あいて》との距離《きょり》を
つめる

4
カラダをいれて
ボールを奪《うば》う

ディフェンスの基本《きほん》　フェイント

フェイントで誘《さそ》いこみ

ボールをうばう

右《みぎ》にフェイントをかけ、相《あい》手《て》を左《ひだり》に誘《さそ》いこむ

サッカーは相《あい》手《て》との「読《よ》みあい」。ディフェンスにおいても、フェイントをしかける意識《いしき》をもとう

ボールをうばうためにすばやく反応《はんのう》する

フェイントが使《つか》えるのは、ボールをもっているときだけではない。ボールをうばいにいくときも有効《ゆうこう》な手段《しゅだん》だ。

写真《しゃしん》のように、自分《じぶん》からフェイントをかけ、左側《ひだりがわ》に相手《あいて》を誘《さそ》いこむことで、相手《あいて》の動《うご》く方向《ほうこう》を限定《げんてい》させてしまうのだ。

ディフェンスでも、相手《あいて》との読《よ》みあいがあることを忘《わす》れず、つねにフェイントをしかけていくことが必要《ひつよう》だ。

ゴールキーパーの基本《きほん》
構《かま》え方《かた》

上体《じょうたい》を少《すこ》し前《まえ》に傾《かたむ》け、手《て》を腰《こし》の高《たか》さで構《かま》える

ボールにすばやく反応《はんのう》できる構《かま》え

上体《じょうたい》は少《すこ》し前《まえ》に傾《かたむ》ける

両脇《りょうわき》を閉《と》じ、ヒジを軽《かる》く曲《ま》げる

手《て》は腰《こし》ぐらいの高《たか》さ

ヒザは軽《かる》く曲《ま》げる

両足《りょうあし》は肩幅《かたはば》ぐらいにひろげる

体重《たいじゅう》は、親指《おやゆび》のつけ根《ね》あたりにかける

足《あし》の親指《おやゆび》のつけ根《ね》あたりに体重《たいじゅう》をかけると、前後左右《ぜんごさゆう》に動《うご》きやすい

手《て》がだらりと伸《の》びると、高《たか》いボールに反応《はんのう》しづらい

ボールに反応《はんのう》しにくい構《かま》え

棒立《ぼうだ》ちになると、体重《たいじゅう》がかかとにかかり動《うご》きにくい

ゴールキーパーは、ディフェンスの最後《さいご》の砦《とりで》だ。プレーの一《ひと》つひとつが試《し》合《あい》の勝敗《しょうはい》を左右《さゆう》する。安定《あんてい》したプレーを続《つづ》けるためには、基本技術《きほんぎじゅつ》をマスターする必要《ひつよう》がある。

まずは構《かま》え方《かた》。両足《りょうあし》を肩幅《かたはば》ぐらいにひろげて立《た》ち、上体《じょうたい》を少《すこ》し前《まえ》に傾《かたむ》け、ヒザを軽《かる》く曲《ま》げる。手《て》は、高《たか》いボールにも低《ひく》いボールにも対応《たいおう》できるよう、腰《こし》の高《たか》さに構《かま》えよう。

ゴールキーパーの基本《きほん》　キャッチング

手《て》で三角形《さんかくけい》をつくり ボール1個分《こぶん》、前《まえ》でキャッチする

両脇《りょうわき》をしめ、ヒジをしぼってボールをキャッチしよう

ボールとカラダの間《あいだ》に、ボール1個分《こぶん》の空間《くうかん》をつくることで、ボールの勢《いきお》いを吸収《きゅうしゅう》できる

腕《うで》が伸《の》びきってしまうと、ボールをキャッチするときに力《ちから》がはいらない

腕《うで》を縮《ちぢ》めてカラダに近《ちか》づけると、ボールの勢《いきお》いを吸《きゅう》収《しゅう》できず、弾《はじ》いてしまうおそれがある

ボールをキャッチするとき、両手《りょうて》の親指《おやゆび》とひとさし指《ゆび》を結《むす》ぶ線《せん》が三角形《さんかくけい》になったとり方《かた》だと、ボールをしっかり受《う》けることができる

ボールをキャッチするときは、カラダからボール1個分《こぶん》、前《まえ》でとるよう心《こころ》がけよう。カラダから少《すこ》し離《はな》してとることで、腕《うで》がクッションになり、ボールの勢《いきお》いをやわらげることができる。

そのとき、手《て》のカタチは、両手《りょうて》の親《おや》指《ゆび》と、ひとさし指《ゆび》を結《むす》ぶ「三角形《さんかくけい》」になる。ボールをしっかりと受《う》けとめようとすると、自然《しぜん》とこのカタチになるはずだ。

ボールにすばやく反応《はんのう》しステップも使《つか》いわける

アドバイス

少《すこ》し足《あし》を浮《う》かすぐらいのすばやいステップで、リズムよく移動《いどう》しよう

4
両足《りょうあし》をぶつけない

ゴールキーパーは、飛《と》んでくるボールにすばやく反応《はんのう》しなければならない。そのためには、ステップワークがとても重要《じゅうよう》だ。ボールのスピードやタイミングによって、ステップを使《つか》いわけよう。

近《ちか》い距離《きょり》からのシュートやＰＫなどで、短《みじか》い距離《きょり》をとっさに移動《いどう》する場合《ばあい》は、ボールに近《ちか》いほうの足《あし》から踏《ふ》みだすサイドステップが向《む》いている。

これに対《たい》して、ミドルシュートなどで長《なが》い距離《きょり》をすばやく移動《いどう》する場合《ばあい》は、ボールに遠《とお》いほうの足《あし》から踏《ふ》みだすクロスステップが向《む》いている。

ボールから目《め》を離《はな》さない
4

アドバイス

移動《いどう》する距《きょ》離《り》が長《なが》くなると、サイドステップよりクロスステップのほうがすばやく対応《たいおう》できる

サイドステップ

飛《と》んでくるボールに近《ちか》いほうの足《あし》で踏《ふ》みだす

空中《くうちゅう》に大《おお》きく飛《と》びあがらない

地面《じめん》に足《あし》を引《ひ》きずらないように

クロスステップ

上体《じょうたい》を前《まえ》に傾《かたむ》け、体重《たいじゅう》は足《あし》の親指《おやゆび》のつけ根《ね》あたり

飛《と》んでくるボールに遠《とお》いほうの足《あし》から踏《ふ》みだす

足《あし》をクロスしながらも、上体《じょうたい》は正面《しょうめん》に向《む》ける

最短距離《さいたんきょり》でキャッチするために斜《なな》め前《まえ》に飛《と》びこむ

3

飛《と》びこむ角度《かくど》は斜《なな》め前《まえ》。ステップの延長線上《えんちょうせんじょう》に飛《と》ぶ。こうすることで、最《さい》短距離《たんきょり》でしっかりとボールをキャッチできる

1 反応《はんのう》しやすい基本姿《きほんし》勢《せい》で、ボールを待つ

2 ボールに反応《はんのう》し、ステップをはじめる

相手《あいて》がシュートしたボールを、飛《と》びこんでキャッチするのがセービング。このダイナミックなプレーにも基本《きほん》はある。

ボールをキャッチする際《さい》、斜《なな》め前《まえ》に飛《と》ぶと、ボールに最短距離《さいたんきょり》で近《ちか》づくことができ、前方《ぜんぽう》へステップした勢《いきお》いを生《い》かし、ボールをしっかりキャッチできる。

真横《まよこ》に飛《と》ぶとボールに最短距離《さいたんきょり》で近《ちか》づくことができないだけでなく、ボールの勢《いきお》いに押《お》されてしまう。

飛《と》びこむことへの恐怖心《きょうふしん》をなくすためにも、最初《さいしょ》は「立《た》ちヒザ」や「長座《ちょうざ》」の姿勢《しせい》から、ボールをキャッチする練習《れんしゅう》をしよう

立《た》ちヒザ

長座《ちょうざ》

4 着地《ちゃくち》では、ボールとカラダが同時《どうじ》に地面《じめん》に着《つ》くようにしよう。ボールから着地《ちゃくち》すると、手首《てくび》をひねることがあるので注意《ちゅうい》

5 着地時《ちゃくちじ》の手《て》の位《い》置《ち》に注意《ちゅうい》しよう

×

○ ボールと地面《じめん》の間《あいだ》に手《て》のひらが入《はい》ると、落球《らっきゅう》しやすいので注意《ちゅうい》

ボールの飛《と》んでくる方向《ほうこう》で片足《かたあし》のジャンプと両足《りょうあし》のジャンプを使《つか》いわける

頭上《ずじょう》に飛《と》んできたボールをキャッチする場合《ばあい》

ボールをよく見《み》て、ジャンプのタイミングをはかる

頭上《ずじょう》のボールは、両足《りょうあし》で踏《ふ》みきると力強《ちからづよ》くジャンプできる

同《おな》じハイボール（高《たか》いボール）でも、頭上《ずじょう》に飛《と》んでくるボールとスペースに飛《と》んでくるボールでは、ジャンプの仕《し》方《かた》がちがってくる。

頭上《ずじょう》のボールは、両《りょう》足《あし》でジャンプすると、力強《ちからづよ》く安定《あんてい》した姿勢《しせい》

でボールをキャッチできる。

一方《いっぽう》、スペースへのボールは、走《はし》った勢《いきお》いを利用《りよう》したジャンプとなるので、両足《りょうあし》より片足《かたあし》で踏《ふ》みきるほうが自然《しぜん》だ。この場合《ばあい》、片足《かたあし》でのジャンプの方《ほう》が勢《いきお》いを残《のこ》したまま着地《ちゃくち》できるので相手《あいて》との接触《せっしょく》にも強《つよ》い。

スペースに飛《と》んできたボールをキャッチする場合《ばあい》

走《はし》った勢《いきお》いを利用《りよう》し、片《かた》足《あし》で踏《ふ》みきる。両足《りょうあし》だと勢《いきお》いが弱《よわ》まってしまう

ボールを見《み》ながらスペースへ移《い》動《どう》する

スペースのボールは、片足《かたあし》で踏《ふ》みきった方《ほう》が走《はし》った勢《いきお》いを生《い》かせる。着地《ちゃくち》のときも、勢《いきお》いを利《り》用《よう》できるので、相手《あいて》との接触《せっしょく》にも強《つよ》い

試合《しあい》ではひとつのミスが得点《とくてん》につながってしまうことがある。正確《せいかく》なキックやボールコントロールをマスターしよう

ゴールキーパーの基本《きほん》　「フィールド8、キーパー2」の割《わり》あいで

キーパーでも、キックやボールコントロールの練習《れんしゅう》をたくさん行《おこな》おう

シュートをとめることよりも、まずは相手《あいて》にシュートをうたせないようにするのがキーパーの役目《やくめ》。そのために、味方《みかた》のディフェンダーに大声《おおごえ》で指示《しじ》を出《だ》そう

ゴールキーパーといえば、キャッチングやセービングの「捕《と》る」イメージが強《つよ》いが、「蹴《け》る」テクニックも身《み》につけておかなくてはならない。子《こ》どものうちは、「フィールド8、キーパー2」の割《わり》あいで、フィールドでの練習《れんしゅう》に長《なが》い時間《じかん》をかけた方《ほう》がいい。

「フィールド」とは、キックやボールコントロールのことで、サッカー選手《せんしゅ》としての基本的《きほんてき》なテクニックをいう。

精神面《せいしんめん》では、リーダーシップを身《み》につけるために、まずは大《おお》きな声《こえ》を出《だ》して、味方《みかた》のディフェンダーに指示《しじ》をすることからはじめよう。

あとがき

1対《たい》1の状況《じょうきょう》で何《なに》をしたらいいのか…。自分《じぶん》で考《かんが》え、いろいろなアイデアを出《だ》してもらいたい

サッカーは、自由《じゆう》なスポーツです。例《たと》えば、相手《あいて》と1対《たい》1になったときに、何《なに》をすればいいのか、あらかじめ決《き》まっているわけではありません。つねにその場《ば》の状況《じょうきょう》に応《おう》じた判断《はんだん》が求《もと》められます。

1対《たい》1の状況《じょうきょう》で何《なに》をしたらいいのか、それを自分《じぶん》で考《かんが》えてほしいのです。自分《じぶん》で考《かんが》え、アイデアを出《だ》すことが大事《だいじ》です。そのためには、実戦《じっせん》に即《そく》した「対人《たいじん》プレー」のトレーニングがとても重要《じゅうよう》になるのです。

以前《いぜん》、ヨーロッパの指導者《しどうしゃ》が私《わたし》にこんな話《はなし》をしました。

「サッカーの基本《きほん》は、ゲームを楽《たの》しむことだ。インサイドキックの反復練習《はんぷくれんしゅう》をすることではない」。私《わたし》もその通《とお》りだと思《おも》います。「基本《きほん》」と「基礎技術《きそぎじゅつ》」は違《ちが》うのです。

ではサッカーを楽《たの》しむためには、何《なに》をすればいいか。

本書《ほんしょ》で繰《く》り返《かえ》しいっていることですが、相手《あいて》がいるなかでの正確《せいかく》なボールコントロールを磨《みが》くことです。正確《せいかく》なボールコントロールができないのに、戦術練習《せんじゅつれんしゅう》をしても意味《いみ》がありません。正確《せいかく》なボールコントロールができてはじめて、正確《せいかく》なパスを出《だ》したり、正確《せいかく》なシュートがうてるようになるのです。

指導者《しどうしゃ》の方《かた》に一言《ひとこと》。子《こ》どもがすばらしいボールコントロールをしたとき、「ナイスコントロール！」と大声《おおごえ》でほめてあげてください。

小見幸隆《おみゆきたか》

監修《かんしゅう》

小見幸隆
おみ・ゆきたか

1952年《ねん》12月《がつ》15日《にち》、東京都《とうきょうと》生《う》まれ。1969年《ねん》に読売《よみうり》クラブ（現東京《げんとうきょう》ヴェルディ1969）に入団《にゅうだん》。

現役時代《げんえきじだい》は、MFとして活躍《かつやく》し、読売《よみうり》クラブ初《はつ》の日本代表《にほんだいひょう》にも選《えら》ばれる。引退後《いんたいご》はトップチーム及《およ》びユースチームなどの監督《かんとく》、コーチを歴《れき》任《にん》。1993年《ねん》には、中田英寿《なかたひでとし》や松田《まつだ》直樹《なおき》らを率《ひき》いてU-17世界大会代表《せかいたいかいだいひょう》コーチとしてベスト8の成績《せいせき》を修《おさ》めた。

元東京《もととうきょう》ヴェルディ1969トップチーム監督《かんとく》。日本《にほん》サッカー協会公認《きょうかいこうにん》S級《きゅう》ライセンス取得《しゅとく》。

アドバイザー

小川章
おがわ・あきら

1979年《ねん》読売《よみうり》クラブ入団《にゅうだん》、ユースSコーチ、ジュニアコーチ、巡回《じゅんかい》コーチを歴《れき》任《にん》。

中村和哉
なかむら・かずや

1961年《ねん》9月《がつ》28日《にち》生《う》まれ。
トップチームGKコーチ。

モデル

平本一樹
ひらもと・かずき

FW／1981年《ねん》8月《がつ》18日《にち》／
180cm、74kg／B型《がた》
東京《とうきょう》ヴェルディ1969所属《しょぞく》

東京《とうきょう》ヴェルディ1969ユース

小林大悟
こばやし・だいご

MF／1983年《ねん》2月《がつ》19日《にち》／
178cm、70kg／B型《がた》
東京《とうきょう》ヴェルディ1969所属《しょぞく》

協力《きょうりょく》

日本《にほん》テレビフットボールクラブ「東京《とうきょう》ヴェルディ1969」

1969年《ねん》、読売《よみうり》サッカークラブとして創部《そうぶ》。1992年《ねん》に読売日本《よみうりにほん》サッカークラブを創立《そうりつ》し、日本《にほん》プロサッカーリーグ（Jリーグ）元年《がんねん》に優勝《ゆうしょう》を成《な》しとげた。現在《げんざい》は、日本《にほん》テレビフットボールクラブに組織変更《そしきへんこう》し、2001年《ねん》東《とう》京《きょう》移転《いてん》とともに、クラブ名《めい》を東京《とうきょう》ヴェルディ1969に改称《かいしょう》した。

STAFF

●監修
小見幸隆

●企画・制作
城所大輔（ナイスク）
山本道生（ナイスク）
松下周平（ナイスク）

●取材・構成
泉 義彦

●撮影
齋藤 豊
髙木昭彦

●イラスト
小島早恵

●デザイン
志岐デザイン事務所
室田敏江

●協力
東京ヴェルディ1969

強くなるサッカー入門

監　修　小《お》　見《み》　幸《ゆき》　隆《たか》
協　力　東京ヴェルディ1969
発行者　深　見　悦　司
印刷所　大日本印刷株式会社

発　行　所
成 美 堂 出 版
〒162-8445 東京都新宿区新小川町1-7
電話(03)5206-8151 FAX(03)5206-8159